FLORET FARM'S
Cut Flower Garden

플로렛 농장의 **컷 플라워 가든**

FLORET FARM'S
Cut Flower Garden

플로렛 농장의 **컷 플라워 가든**

아름다운 제철 꽃을
기르고, 수확하고, 장식하기

에린 벤자킨 & 줄리 차이 지음 | 미셸 M. 웨이트 사진 | 정수진 옮김

한스미디어

FLORET FARM'S CUT FLOWER GARDEN by Erin Benzakein
Text ⓒ 2017 by Erin Benzakein
All rights reserved.
First published in English by Chronicle Books LLC, San Francisco, California.
Korean translation rights ⓒ 2018 Hans Media
Korean translation rights are arranged with Chronicle Books LLC through AMO Agency Korea.

이 책의 한국어판 저작권은 AMO 에이전시를 통해 저작권자와 독점 계약한 한스미디어에 있습니다.
저작권법에 의해 한국 내에서 보호를 받는 저작물이므로 무단 전재와 무단 복제를 금합니다.

플로렛 농장의 컷 플라워 가든

1판 1쇄 발행 | 2018년 3월 29일
1판 2쇄 발행 | 2020년 12월 20일

지은이 에린 벤자킨, 줄리 차이
사진 미셸 M. 웨이트
옮긴이 정수진
펴낸이 김기옥

실용본부장 박재성
편집 이나리, 손혜인
영업 김선주
커뮤니케이션 플래너 서지운
지원 고광현, 김형식, 임민진

디자인 제이알컴
인쇄 민언프린텍
제본 우성제본

펴낸곳 한스미디어(한즈미디어(주))
주소 121-839 서울시 마포구 서교동 양화로 11길 13(서교동, 강원빌딩 5층)
전화 02-707-0337 | 팩스 02-707-0198 | 홈페이지 www.hansmedia.com
출판신고번호 제 313-2003-227호 | 신고일자 2003년 6월 25일

ISBN 979-11-6007-244-0 13520

책값은 뒤표지에 있습니다.
잘못 만들어진 책은 구입하신 서점에서 교환해 드립니다.

내 마음에 꽃에 대한 사랑을 심어준
증조할머니께

CONTENTS

들어가는 글 8

절화 정원의 기초 12
기초 다지기 17

계획하기 19
땅 파악하기 & 경계 표시하기 19
토양 테스트하기 20
정원 설계하기 21
계산하기 21
주문할 품종 결정하기 22
연속으로 심기 24
작은 공간 최대로 활용하기 25

시작하기 27
유기농으로 하기 27
토양에 영양분 주기 27
물 잘 주기 28
잡초 관리하기 28
심기 29

필수 기법 31
싹 틔우기의 기초 31
꽃 지탱하기 36
순치기 37
절화 돌보기 38

필요한 도구 41
원예 도구 41
플로리스트의 도구 상자 44

봄 46
새로운 가능성 깨닫기 51

봄에 할 작업 52

봄에 피는 꽃 58
이년생 화초 59
수선화 62
우아한 꽃을 피우는 구근식물 68
꽃을 피우는 나뭇가지 72
내한성 일년생 화초 76
아이슬란드 양귀비 83
라일락 86
작약 93
라넌큘러스 99
스위트피 101
튤립 106

봄 작품 111
라일락 꽃꽂이 112
봄 화관 114
어머니를 위한 셔벗 색상의 나비 꽃꽂이 116

여름 118
풍성함 맞이하기 **123**

여름에 할 작업 124

여름 꽃과 식용 소재, 잎 128
코스모스 **129**
달리아 **135**
향기 나는 잎 **140**
열매와 잎 **145**
백합 **149**
다년생 화초 **152**
장미 **157**
금어초 **162**
비내한성 일년생 화초 **167**
채소 **173**
백일홍 **177**

여름 작품 181
달리아 모음 **182**
여름 석양 꽃꽂이 **184**
핸드타이드 마켓 부케 **186**

가을 190
수확 마치기 & 정원 쉬게 하기 **193**

가을에 할 작업 196

가을꽃과 식용 소재, 질감이 특이한 줄기 200
루드베키아 **201**
양배추 & 케일 **206**
국화 **210**
열매가 열리는 나뭇가지 **215**
곡식 & 꼬투리 **219**
장식용 풀 **223**
다년생 화초 **226**
호박, 스쿼시, 박 **233**
해바라기 **238**
덩굴 **245**

가을 작품 249
가을 리스 **250**
네덜란드 정물화 **252**
빈센트 반 고흐 **256**

겨울 258
겨울의 고요함에 정착하기 **261**

겨울에 할 작업 264

겨울 베리류와 꽃, 잎 268
아마릴리스 **269**
베리류 & 꽃 **272**
겨울에 속성으로 꽃을 피우는 나뭇가지 **279**
상록수 가지 **282**
헬레보루스 **287**
페이퍼화이트 수선화 **291**

겨울 작품 295
웰컴 리스 **296**
실내 정원 **298**
풍성한 갈런드 **300**

재료 구입처 **304**
감사의 글 **305**
색인 **306**

INTRODUCTION
들어가는 글

나는 어린 시절 매년 여름을 동부 워싱턴의 시골에서 조부모님과 함께 보냈다. 두 분은 밀밭과 양파 농장, 끝이 보이지 않는 하늘로 둘러싸인 소도시에 살았다. 매일이 뜨겁고, 느리고, 신나서 시애틀의 우리 집에서 보내는 바쁜 삶과는 완전히 달랐다.

조부모님이 낮에 일하시는 동안 언니와 나는 증조부모님 댁으로 향하곤 했다. 우리는 개울에서 놀고, 소다수를 마음껏 마시고, 집 주변의 들판과 숲을 탐험하며 시간을 보냈다. 증조할머니는 전설적 인물이었는데, 최소한 할머니의 정원은 정말 그랬다. 나는 할머니가 네바다 사막의 황량한 땅에 흙을 한 수레씩 실어 날라 첫 정원을 만들었다는 이야기를 여러 번 들어왔다. 그 시절 할머니는 자그마한 땅에 자신의 마음과 영혼을 쏟아부었고, 그때의 할머니를 아는 모든 사람은 파란 나팔꽃으로 뒤덮인 울타리와 아름다운 꽃들이 화단에 넘쳐흐르던 할머니의 정원을 회상하며 미소를 짓곤 했다.

내가 증조할머니를 만났을 즈음 그 작은 휴식처는 이미 황홀한 추억이 되어 있었다. 할머니는 사랑하는 정원을 뒤로하고 가족들이 가까이 사는 북부로 이사한 상태였다. 그 당시 할머니는 몸져누워 있었고, 길고 더운 날이 이어지는 동안 나는 할머니 옆에 누워 할머니가 해주는 꽃 이야기를 들었다. 할머니는 종종 나에게 가위를 들고 나가 꽃다발을 만들어오게 했다. 할머니의 새 작은 정원은 예전의 정원만은 못했지만 한참 뒤지다 보면 몇몇 보물을 발견할 수 있었다. 나는 길쭉한 금어초와 벌레 먹은 월계화, 현관 기둥을 기어오르는 발랄한 스위트피 한 움큼을 꺾었다.

나는 이 일을 매우 진지하게 받아들였다. 들판에서 약간 시든 꽃들을 꺾어온 뒤 꽃봉오리 모양의 먼지투성이 화병들을 뒤져 적당한 것을 찾아냈다. 그 작은 부케들은 분명 보잘것없었을 테지만, 할머니는 항상 다이아몬드나 고운 도자기를 보는 양 달콤한 말을 해주며 좋아해주었다.

할머니는 내가 결혼해 처음으로 집을 구입하던 해에 돌아가셨다. 나는 할머니의 재 일부를 우리 집으로 가져와 새 정원에 흩뿌렸다. 정원 중앙에는 할머니를 추억하며 스위트피를 길게 두 줄 심었다. 스위트피 꽃이 매우 풍성하게 피어난 덕분에 나는 긴 여름 내내 모든 방을 스위트피 꽃다발로 채우고 마지막에는 내가 아는 모든 사람에게 꽃을 넉넉히 나누어주었다.

풍성했던 그해 여름 우리 꽃에 대한 소문이 퍼지면서 친구에게 줄 스위트피 한 다발을 주문하는 사람도 생겼다. 나는 첫 배달을 하던 날을 결코 잊지 못한다. 낯선 집 문을 소심하게 두드린 다음 무슨 말을 해야 할지 몰라 어색하게 꽃다발을 건넸다. 그녀는 놀란 표정으로 꽃에 얼굴을 묻었고 눈가에는 곧 눈물이 가득 찼다. 꽃향기가 어린 시절의 여름과 할머니의 정원에서 보냈던 행복한 시간들로 자신을 데려다주었다고 했다. 그 순간 나는 천직을 찾았음을 깨달았다. 소박한 꽃다발 하나가 한 사람에게 얼마나 큰 영향을 줄 수 있는지 눈으로 보면서 나는 추구할 만한 대상을 발견했음을 알았다.

나는 다음해 봄에 다시 채소 정원에 꽃을 심었다. 그해 겨울에는 꽃을 더 많이 심기 위해 과수원 땅을 갈아엎었다. 그 다음 해 여름에는 남편이 온실을 만들어주었고, 그 후 몇 채를 더 지어주었다. 이후 정원은 계절마다 점점 확장되었고 꽃을 향한 나의 사랑도 함께 자라났다.

이제 나는 꽃을 기르고, 사람들을 가르치고, 꽃의 아름다움을 전 세계에 알리며 시간을 보낸다. 처음 심었던 두 줄의 스위트피는 이제 꽃가게와 식료품점, 태평양 연안 북서부의 플로리스트들에게 꽃을 공급하며 번창하는 꽃 농장인 플로렛 농장으로 변모했다. 정원 옆에는 결혼식과 이벤트에 쓰일 제철 부케를 만드느라 부산한 디자인 스튜디오가 붙어 있다. 농장은 학교가 되기도 하는데, 매년 소규모-고밀도의 꽃 생산과 자연스러운 플라워 디자인 기법을 배우기 위해 전 세계에서 꽃을 사랑하는 사람들이 찾아온다. 실험과 품종 선정 과정이 좋아서 씨앗 통신 판매 사업도 시작했다. 잘라서 꾸밀 수 있는 믿을 만한 품종들과 함께 꼭 필요한 도구들을 판매한다. 과거의 나에게 누군가 작은 스위트피 다발이 이렇듯 꽃으로 가득한 삶으로 변할 것이라고 이야기했다면 나는 결코 믿지 않았을 것이다.

이 여정 동안 나는 어떻게 해야 꽃으로 가득한 삶을 살 수 있는지 궁금해 하는 수천 명의 초보 화훼 농부와 플라워 디자이너, 집에서 정원을 가꾸는 사람들의 이야기를 들었다. 단순히 꽃을 기르는 방법에서부터 특정 품종 선택까지, 기초적인 절화 돌보기부터 제철에 맞는 플라워 어레인지 기법에 이르기까지 사람들은 더 많은 정보를 갈망한다.

이 책의 근본적인 철학은 가까운 지역에서 나는 제철 꽃과 소재들을 쓰면 아주 매력적이고 아름다운 부케를 만들 수 있다는 것이다. 음식을 사랑하는 사람들은 제철 식품을 적극적으로 받아들이고 세계에서 가장 존경을 받는 요리사들은 가까운 지역의 가장 신선한 재료로 메뉴를 만드는데, 이는 제철이 아닐 때 수천 킬로미터 떨어진 곳에서 날아온 생산품은 가까운 곳에서 최상의 상태일 때 수확한 완벽한 보물들과 비교가 되지 않는다는 것을 알고 있기 때문이다.

소비자들은 이제 제품이 어떻게, 어디에서, 누구에 의해 생산되었는지 알려달라고 요구한다. 꽃도 예외는 아니다. 로컬 푸드 운동에 이어 들판에서 직접 기른 꽃을 화병에 꽂자는 운동이 빠르게 인기를 얻고 있다. 최고의 플로리스트들은 가까운 지역에서 기른 꽃을 찾고, 도매상에서 구한 재료를 보충해줄 나만의 소재를 직접 기른다. 환경을 신경 쓰는 커플들은 결혼식 부케로 제철 꽃을 고른다. 재배할 수 있는 작물로서 꽃을 고려하고 있는 젊은 농부들도 많다. 또한 집에서 정원을 가꾸는 사람들은 원래의 정원에 절화만을 목적으로 화단을 한두 개 두고 싶어 한다.

각 계절마다 주인공인 꽃이 있다. 초봄에는 향기로운 수선화와 화려한 튤립, 꽃을 피우는 여러 종류의 독특한 구근식물들이 우리를 반긴다. 늦봄이면 꽃을 피우는 나뭇가지들과 황홀한 스위트피, 통통하게 부풀어 오른 작약이 가득해진다. 여름이 오면 가든 로즈와 백합은 물론 백일홍과 코스모스, 달리아처럼 쾌적하고 따뜻한 날씨를 사랑하는 온갖 꽃들이 등장한다. 가을에는 해바라기나 화려한 국화와 아름답게 짝 지을 수 있는 풀과 곡식, 꼬투리 등 질감이 특이한 소재들이 나타난다. 겨울에는 속성으로 꽃을 피운 아마릴리스와 페이퍼화이트 화분, 상록수를 이용한 갈런드와 리스가 있어 실내를 내내 풍성

하게 꾸밀 수 있다. 자연이 보내는 신호를 따라 각각의 꽃이 절정에 있을 때 즐기면 최고의 풍성함을 누릴 수 있다.

계절에 따른 계획의 장점은 여러분이 어느 지역, 어떤 기후에서 살고 있는지가 중요하지 않다는 점이다. 봄의 마지막 서리와 가을의 첫 서리가 내리는 일반적인 시기를 알기만 하면 그 사이의 몇 개월, 혹은 일 년 내내 꽃을 풍성하게 기를 수 있다.

꽃과 함께 보내는 일 년은 마법 같다. 풍경과 긴밀하게 연결되어 있는 일을 하기에, 현재에 훨씬 더 충실하게 되고 주변의 계절적인 변화와 연결된 느낌이 든다. 일단 나만의 꽃 정원을 가꾸고 제철 꽃으로 작업하기 시작하면, 마법 같은 자연의 미묘한 변화를 알아차리게 되면서 강렬한 의식의 흐름을 경험하게 될 것이다.

앞으로 소개할 내용들을 통해 여러분은 직접 절화를 기르는 데 필요한 모든 정보를 얻을 수 있을 것이다. 이 책은 크게 두 부분으로 나뉜다. 전반부에서는 정원을 계획하고, 설계하고, 구성하기 위한 기초적인 내용을 짚어보며 믿을 만한 기법들을 소개한다. 후반부에서는 일 년 동안 아름다운 꽃을 기르고 수확하는 방법을 자세히 다루며, 각 계절의 핵심 작업과 작품 만드는 방법을 단계별로 설명한다.

나는 증조할머니가 한 세기 전에 작은 땅에서 일구기 시작한 유산을 이 책을 통해 계속 이어나가고 싶다. 우리에게는 할머니 같은 사람이 더 많이 필요하고, 세상에는 분명 더 많은 꽃이 필요하다. 여러분이 어디에 있든지 나를 비롯한 전 세계의 수많은 사람들과 함께 아름다움을 뽐내는 제철 꽃을 더 많이 수확하는 일에 함께해주길 바란다.

행복한 꽃 가꾸기가 되길!

BAS

I C S

BASICS
기초 다지기

예쁘고 완벽한 장식이 되는 산울타리나 화려한 화단과 달리, 절화 정원cut flower garden의 주된 역할은 모든 계절 내내 절화를 풍부하게 생산하는 것이다. 절화 정원도 그 자체로 아름답긴 하지만, 수확을 목적으로 채운 꽃들은 정원 장식용으로 남기지 않는다. 이 사실에 익숙해지기까지는 시간이 조금 걸리는데, 정원을 가꾸는 사람으로서 우리는 꽃을 피운 식물을 꺾지 않고 야외에 그대로 두어 잘 보이게 하는 데 익숙해져 있기 때문이다. 하지만 집 앞에서 꽃을 한 아름 수확하는 기쁨을 경험하고 나면 곧 꽃 기르기에 대한 접근 방식이 바뀔 것이다.

내가 사는 워싱턴의 스캐짓 계곡은 기후가 온화한 편으로, 봄은 습하고 여름은 포근하고 건조하며, 가을은 시원하면서 축축하고, 겨울은 춥고 비가 온다. 이 책은 내가 사는 지역을 중심으로 꽃을 기르는 방법을 설명하고 있으므로, 여러분이 사는 지역에 따라 특정 작업 시기를 조정해야 할 수도 있다. 가능한 정보를 보편적으로 적었으니, 각 지역의 기후에 따라 조정하는 것이 어렵지 않을 것이다. 하지만 자신이 없다면 가까운 묘목장에 자유롭게 문의하자.

플로렛 농장에서는 이 책에서 대략적으로 설명한 단계를 충실히 따른다. 나는 이 과정을 계획 세우기와 실행하기, 중요한 기법 익히기라는 세 가지 주요 부분으로 나누었다. 이 접근 방식을 다르면 여러분의 절화 정원도 곧 꽃으로 넘쳐흐를 것이다.

Planning &
Getting Started

계획하기

8천 제곱미터 크기인 우리 농장의 경우 1년 단위의 생산 일정을 짜려면 보통 몇 주가 걸리는데, 시즌이 시작되고 나면 계획하는 데 투자한 시간이 결코 아깝지 않다. (집에서 꽃을 가꿀 경우 며칠만 오후에 시간을 내면 될 수도 있다.) 절화 정원을 설계하여 구성할 때 너무 많은 정보를 고려하느라 벅찰 수 있지만 시간을 많이 들여 계획을 세울수록 더 좋은 결과를 얻게 될 것이다.

땅 파악하기 & 경계 표시하기

절화 정원 계획을 종이에 적기 전에, 여러분의 작업 환경을 파악하는 것이 중요하다. 여기에는 식물을 기를 공간이 얼마나 넓은지, 낮에 어떤 유형의 햇빛을 받는지가 포함된다. 이 책에 소개한 식물 대부분이 충분한 햇빛 즉 하루더 최소 6시간 이상의 햇빛을 좋아하므로 절화 정원은 가능한 해가 많이 드는 곳이어야 하고, 구하거나 만들 수 있는 가장 좋은 품질의 토양이 있어야 한다. 또한 성숙한 나무의 뿌리처럼, 기르는 식물과 경쟁할 수 있는 큰 뿌리와 물웅덩이에서 멀리 떨어져 있는 것이 이상적이다. 모두가 이렇게 훌륭한 땅을 갖고 있진 않겠지만, 가능한 한 가장 좋은 위치를 목표로 한다. 햇빛이 부족한 땅이라면 폭스글로브와 매발톱꽃, 헬레보루스처럼 그늘에서 잘 자라는 식물이나 조개꽃, 제비고깔, 스위트피처럼 시원한 기후를 좋아하는 일년생 화초를 추천한다. 일단 땅을 골랐으면 위치를 기억할 수 있게 각 모서리에 표시를 해둔다. 그런 다음 둘레를 측정하고, 정원에 관한 내용만 적는 공책이나 일기에 기록한다.

토양 테스트하기

토양 테스트를 하면 땅속에서 어떤 일이 벌어지고 있는지를 더 잘 이해할 수 있다. 이 단계를 지나치는 경우가 많지만, 이야말로 성공적인 절화 기르기의 핵심이기도 하다. 전체적인 테스트 비용은 50달러 정도로 실험실에 따라 다르며 결과가 나오기까지 대략 1~2주가 걸린다. 테스트 결과에는 어떤 무기질이 부족한지, 어떤 물질(골분이나 라임, 해초, 비료 혼합물 등)을 추가하면 문제를 해결할 수 있는지 등 정원의 토양에 관한 자세한 보고서가 들어 있을 것이다.

테스트를 위해 먼저 큰 삽으로 땅을 약 30센티미터 깊이로 판다. 구멍에서 흙을 몇 큰술 떠낸 다음 1리터들이 병에 담는다. 병이 다 찰 때까지 다른 몇 군데에서 이 과정을 반복하여 땅 전체에서 고르게 샘플을 얻는다. 이 샘플을 토양 실험실에 보낸다(추천 실험실은 304쪽의 '재료 구입처'를 참고한다).

조경 디자이너이자 꽃 농부로 살아온 여러 해 동안, 기본적인 토양 결핍으로 문제가 생기는 경우를 수없이 봤다. 나는 새 정원은 전부 테스트하고, 토양 전문가의 조언에 귀를 기울이고, 실험실 결과 보고서에서 제안한 추천 물질을 모두 추가한다. 식물도 사람과 마찬가지로 잘 자라려면 적절한 무기질과 비타민이 필요하다. 초기에 약간의 추가적인 노력을 기울이면 나중에 보상을 받을 것이다.

정원 설계하기

직접 잰 치수를 바탕으로 모눈종이를 꺼내 정원 설계를 시작할 시간이다. 여러 식물이 섞인 곡선 형태의 전통적인 화단과 달리 절화 정원은 생산량과 효율성을 염두에 두고 만들어야 하므로 식물을 보살피고 수확하기 쉽도록 기다란 직사각형이어야 한다. 긴 변의 어느 쪽에 서 있든 중앙까지 손이 닿도록 화단의 너비를 정하고, 사이사이에 길을 내면 접근성이 높아지면서 종이에 계획을 세우기도 수월해진다. 플로렛 농장의 화단은 너비가 122센티미터로 중앙에 쉽게 손이 닿고 어느 위치에서나 수확이 가능하며, 화단 사이사이에는 61센티미터 너비의 샛길이 있고, 밭 중앙을 가로지르는 120센티미터 너비의 넓은 길이 있다. 공간이 부족하다면 중앙의 큰 길은 내지 않아도 된다.

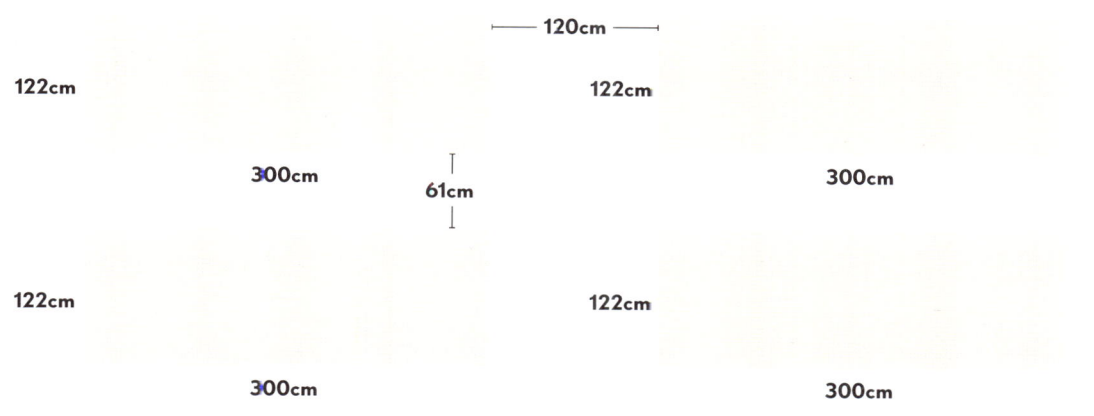

계산하기

화단과 길에 대한 계획을 세웠다면 그다음은 화단마다 식물을 얼마나 심을 수 있을지 계산하는 것이다. 이 과정을 통해 심을 품종의 종류와 씨앗 주문량을 계산할 수 있다.

절화를 기를 때의 목표는 두 가지다. 하나는 확보된 공간 안에서 가능한 한 많은 꽃을 기르는 것이고, 다른 하나는 가급적 줄기가 긴 꽃을 기르는 것으로 꾸미고 장식할 때 활용도가 높아지기 때문이다(따라서 구매자에게 가장 매력적이다). 우리는 모종 간의 간격을 매우 촘촘히 해 더 많은 양을 기르며, 그 결과 세로로 왕성하게 자란다.

처음 꽃을 기르기 시작했을 때는 정원 가꾸기에 대한 전통적 조언을 따라 식물이 자유롭게 뻗어나가도록 사이사이 충분한 간격을 두어 122센티미터 너비의 화단에 꽃을 한두 줄만 심었다. 하지만 끊임없이 잡초와 싸워야 했고, 기르고 싶은 모든 식물을 기를 만한 공간적 여유가 없었다. 나는 많은 시행착오 끝에 성공적으로 돌아가는 시스템에 정착했고, 이를 소규모-고밀도의 꽃 생산 방식이라 부른다. 나는 크기에 따라 세 가지로 분류되는 격자 형태 중 하나를 골라 모든 일년생 화초를 촘촘히 배치한다.

15 x 15cm 간격 ('팜파스 플룸 믹스' 같은) 깃털 모양 맨드라미와 양배추처럼 똑바로 선 형태거나 줄기가 나뉘지 않는 작물에 가장 좋은 방식으로, 이 간격을 적용하면 122센티미터 너비 화단에 7~8줄 심게 된다.

22 x 22cm 간격 가장 흔히 적용하는 간격으로 모든 일년생 화초에 적당하며, 122센티미터 너비 화단에 5줄을 심게 된다.

30 x 30cm 간격 아마란스와 ('구루메 오렌지 레드' 같은) 닭벼슬 모양의 맨드라미, 레이스 플라워처럼 잎이 많이 나고 줄기가 많이 나뉘는 부피가 큰 식물들은 이 정도 간격이 가장 적당하며 122센티미터 너비 화단에 4줄을 심게 된다.

이 생산 방식을 쓰면 화단마다 식물을 얼마나 심을 수 있는지 계산하기 쉽다. 어떤 간격을 적용할지 간단히 정한 뒤, 화단의 크기에 따라 격자 형태를 만든다. 예를 들어 여러분의 화단이 21쪽 그림처럼 122센티미터 너비에 길이가 300센티미터라면, 22센티미터의 정사각형으로 간격을 두어 식물을 65포기 심을 수 있다. 이 방식으로는 아주 작은 면적에서도 엄청나게 많은 꽃을 기를 수 있다.

주문할 품종 결정하기

카탈로그에서 절화로 추천하는 모든 품종을 주문하고 싶겠지만, 그렇게 마구잡이식으로 접근했다가는 부담감만 남고 1년을 보낼 적절한 소재를 매 계절 공급할 수 없다. 지난해 어떤 품종이 잘 자랐는가와 어떤 품종을 줄이고 싶나, 친구들의 정원은 어떤 점이 좋았나를 열심히 메모해둔 정원 일기를 살펴보는 것이 좋다. 이는 내년에 어떤 품종을 기를지 결정하는 데 도움이 된다. 꽃을 처음 기르는 사람이라면 처음부터 다음과 같이 접근하기를 권한다. 우리의 목표는 (1) 잎과 꽃을 적절히 섞는 것은 물론 믿을 만한 꽃과 실험적인 꽃을 함께 기르고 (2) 모든 계절에 재료를 얻을 수 있도록 식물을 심는 것이다.

초보자가 저지르는 가장 큰 실수 중 하나가 예쁜 꽃만 심는 바람에 함께 섞을 초록 잎이 없는 경우로, 봄에 밭 전체에 꽃만 50종류를 심으면 늦여름에 함께 섞을 잎이 부족한 지경이 되고 가을과 겨울에는 수확할 식물이 없어 큰 좌절을 겪게 된다. 나는 여러 해의 경험을 통해 정원의 절반 정도는 아마란스와 조개꽃, 센티드제라늄처럼 공간을 채워주는 소재(잎과 꼬투리를 장식으로 쓰는 식물)로 활용할 만한 식물과 중심 잎 소재를 심는 것이 모든 어레인지먼트의 바탕이 되는 소재를 꾸준히 얻을 수 있는 완벽한 비율임을 깨달았다. 나머지 절반은 서로 다른 계절에 꽃을 피우며, 해당 지역의 기후에서 잘 자라는 화려한 꽃들을 위해 남겨둔다.

구석의 작은 공간은 전체적인 생산량을 저해하지 않으면서, 새로운 품종을 탐구하는 실험을 위해 남겨두자. 그리고 씨앗에서부터 기르기 시작할 때는 싹이 나지 않거나 민달팽이가 모종을 먹어버릴 경우를 대비하여 항상 필요한 양보다 20퍼센트 더 많이 주문한다.

식물 명명법에 관한 안내

꽃 정원을 계획할 때 식물 명명법을 이해하는 것은 매우 중요하다. 모든 식물에는 어떤 식물을 가리키는지 헷갈리지 않도록 각자 하나뿐인 학명이 있다. 많은 경우 학명에는 속과 종, 품종이 포함된다. Fagus sylvatica 'Tricolor'와 같은 형태로 표현한다.

대부분의 식물에는 많은 사람들이 알고 있는 명칭인 보통명도 있는데, 학명과는 다를 수 있다. 예를 들어 Fagus sylvatica 'Tricolor'는 삼색 너도밤나무로도 알려져 있다. 보통명 때문에 혼동이 생기기도 한다. 한 가지 식물에 보통명이 여러 개 있거나 여러 가지 식물이 하나의 보통명으로 알려져 있는 경우들 때문이다.

이 책에서는 다른 식물로 오해할 가능성이 없는 경우 보통명을 썼다. 상세히 구분하는 것이 더 도움이 되는 경우 학명도 함께 실었다.

절화 정원의 주요 식물 유형

아래 소개할 내용은 절화 정원을 구성하는 주요 식물 유형으로, 1년 내내 소재를 얻으려면 여러 종류를 섞어 길러야 한다. 어떤 종류를 선택할지는 예산과 공간, 식물을 기르고 보살피는 데 할애할 시간에 따라 달라진다. 아래 목록은 기르기 쉬우면서도 꽃을 빨리 피우는 순서대로 나열했는데, 일년생 화초가 가장 쉽고 빠르며 나무는 시간과 공간, 보살핌이 많이 필요하다.

비내한성 일년생 식물 초봄에 씨앗을 뿌려 주로 여름에 꽃을 피우고 씨를 맺은 다음 가을에 날씨가 서늘해지면 죽는다. 플로렛 농장의 약 60퍼센트 면적에 일년생 화초를 심는데, 대부분 여름에 꽃을 대량으로 생산한다. 가장 기르기 쉽고 비용이 적게 들며 매우 빨리 자라는 식물로 초보자에게 알맞다. 나는 꽃을 기르기 시작해 첫 2년간 정원 전체에 일년생 화초만 심었는데, 최소한의 투자로 실험을 할 수 있었으므로 훌륭한 시작이 되었다. 나는 일년생 화초가 절화를 기르는 이들의 보조 바퀴라고 생각하는데, 자신감과 경험을 키워주어 더 많은 투자가 필요한 다른 유형의 식물로 진출할 수 있게 해주기 때문이다.

내한성 일년생 식물 역시 짧게 사는 식물로 제비고깔과 니겔라, 레이스 플라워 등이 있고, 모두 1년을 넘기지 못한다. 추운 기후에서는 초봄에 심는다. 온화한 기후에서는 가을에 심을 수 있는데, 잎이 몇 장 난 상태로 겨울을 보낸 다음 여름이 시작되기 직전에 꽃자루가 올라온다. 내한성 일년생 화초는 어느 정도 서리를 견딜 수 있으므로 보통 비내한성 일년생 화초보다 훨씬 일찍 꽃을 피우고 날씨가 더워지면 시든다.

이년생 식물 절화 정원에서는 그리 주목하지 않지만 까다로운 성장 주기를 완전히 익히기만 하면 늦봄에 꽃을 넉넉히 얻을 수 있다. 이년생 화초가 화단에 추가할 만한 훌륭한 식물인 이유는 봄의 구근식물을 다 소비하고 다년생 화초는 아직 첫 꽃을 피우기 전인 늦봄과 초여름 사이의 애매한 틈을 메워주기 때문이다. 이년생 화초들은 늦여름에 심어 잎이 몇 장 난 상태로 겨울을 나고 늦봄에 거대한 꽃자루가 올라와 6~8주 동안 아름다운 꽃을 피운 다음 대부분 새로운 씨앗을 맺고 죽는다. 초롱꽃과 폭스글로브, 수염패랭이꽃처럼 영국인이 좋아하는 식물들이 여기에 속한다.

구근, 알줄기, 덩이줄기 식물 강렬한 색상의 대담하고 화려한 식물들로 정원의 다른 꽃들 사이에서 눈에 띈다. 품종에 따라 가을이나 봄에 심는 구근과 알줄기, 덩이줄기 식물은 구조가 조금씩 달라도 근본적으로는 동일하게 뿌리가 발달하는 몇 개월 동안 땅속에 있다가 지면을 뚫고 올라와 아름다운 꽃을 피운다. 나는 아네모네와 수선화, 달리아, 프리틸라리아, 히아신스, 백합, 라넌큘러스, 튤립 등을 좋아한다.

다년생 식물 날씨가 추워지면 완전히 지지만 겨울 동안 땅속에서 살아남아 봄마다 다시 자라는 식물로 해가 갈수록 크기가 커지고 꽃을 피우는 능력이 발달한다. 품종에 따라 초여름부터 가을에 걸쳐 꽃을 피우는데, 일 년 내내 다년생 화초에만 의지할 수야 없지만 훌륭한 재료들을 제공한다.

덩굴 클레마티스와 홉 같은 덩굴은 모든 어레인지먼트에 생동감을 더한다. 왕성하게 자라며, 겨울에 가지치기를 해주는 것 외에는 보살필 일이 거의 없다. 울타리나 격자 구조물을 따라 몇 줄기 심으면 봄부터 가을까지 부케에 넣을 수 있는 흥미로운 덩굴손과 잎을 얻을 수 있다.

관목 산국수나무와 털설구화 같은 관목은 흥미로운 소재를 주는 훌륭한 원천이다. 봄에는 아름다운 꽃을 피우고 뒤이어 여름에는 유용한 잎을, 가을에는 열매나 꼬투리를 제공하는 품종이 많다. 어릴 때 구입하면 수확할 수 있을 정도로 크기까지 3~5년이 걸린다. 나는 그렇게 오래 기다리는 대신 겨울에 11~19리터짜리 관목을 뿌리 상태로 구입해 시작을 앞당긴다. 일년생 식물보다 비싸고 정원 안에 영구적인 위치를 정해줘야 하지만, 일찍 시간과 공간을 투자하면 훗날 보상을 받을 것이다.

꽃을 피우는 나무 어떤 소재보다도 극적인 느낌을 줄 수 있다. 자두와 갯버들 같은 품종은 자연을 실내로 들여야 하는 늦겨울에 속성으로 꽃을 피울 수 있다. 봄에는 벚꽃과 산사나무 가지가 멋진 어레인지먼트의 뼈대가 되어준다. 열매가 열리는 품종을 고르면 늦여름과 가을에 부케를 풍성하게 해주는 열매 달린 나뭇가지를 풍부하게 얻을 수 있다. 꽃을 피우는 나무를 가능한 한 많이 심길 강력히 권한다.

연속으로 심기

절화를 기르는 사람이라면 누구나 알아야 할 용어로 '연속으로 심기'가 있다. 기본적으로 첫 번째 꽃을 수확하고 몇 주 뒤에 다음 꽃들을 수확할 수 있도록 일년생 식물의 씨앗을 작은 묶음 여러 개로 나누어 몇 주 간격으로 심는 방법이다. 꽃을 계속해서 피우지 않는 일년생 식물의 경우 연속으로 심기는 꽃을 꾸준히 공급하는 데 도움이 된다.

꽃을 기른 첫 해에는 봄부터 가을까지 꽃을 지속적으로 충분히 얻을 수 있는 방법을 몰랐다. 나는 3월에 엄청난 양의 씨앗을 뿌리고, 첫 서리가 내린 후 모종을 전부 심었으며, 그 후 몇 개월은 잡초를 뽑고 물을 주며 기다렸다. 얼마간은 큰 수확이 없다가 초여름부터 갑자기 감당할 수 없을 만큼 많은 꽃이 피었다. 그로부터 6주 동안 나는 엄청나게 많은 꽃을 수확하고, 묶고, 배달했다. 시간이 충분치 않았으므로 많은 꽃이 쓸모없어졌다. 한여름에 이르러서는 풍부하던 꽃이 거의 사라지고, 그때까지 꽃을 피우는 달리아와 아마란스만 조금 남았다. 정원에 꽃이 가득했던 짧은 기간 동안 내가 기른 화초를 열렬히 원하는 소비자들이 늘어나 있었다. 하지만 나는 한 사람 한 사람에게 전화를 걸어 꽃 시즌이 끝났다는 슬픈 소식을 전해야 했다. 이는 전혀 즐거운 경험이 아니었다. 그래서 나는 이 실수에서 얻은 교훈을 바탕으로, 어떻게 해야 꽃을 더 일정한 주기로 기르고 이를 여러 달 동안 유지할 수 있는지를 생각하며 겨울을 보냈다. 즉 연속으로 심는 방법을 익혔다는 뜻이다.

연속으로 심기가 꽃을 재배하는 사람에게 매우 이로운 몇 가지 이유가 있다. 하나는 심고 수확하는 기간을 훨씬 더 길게 늘일 수 있다는 점이다. 나는 재배지를 여러 구역으로 나누어서, 다른 사람의 도움 없이 식물을 연달아 심을 수 있다. 정원 전체에 식물을 한 번에 심으면 이를 감당할 방법이 없다. 수확할 때도 마찬가지다. 나는 꽃이 피는 시기어서, 조금씩 다른 꽃들을 구역별로 심어 수확을 철저하게 관리할 수 있다.

나는 우리 지역 기후에서 어떤 식물을 연속으로 심을 수 있고 어떤 식물이 불가능한지, 그리고 주어진 시즌에 얼마나 많은 작물을 기를 수 있는지 알아보기 위해 여러 차례 실험을 했다. 기후에 따라 다르므로 반드시 여러분에게 맞는 방법을 실험해보며 세밀하게 조정해야 한다. 나는 일년생 식물의 경우 3~4주 간격을 두어 적어도 한두 번은 더 심을 수 있음을 발견했다. 오랜 기간 작물을 길러오다 보니 꽃을 끊임없이 생산할 수 있는 방법을 매년 더 잘 알게 된다. 지금도 발전하는 과정이지만 이렇게 집중도 높은 접근 방식을 쓰면 매우 제한된 공간에서 많은 양을 생산할 수 있다.

나는 계획을 세울 때 각 작물을 몇 차례 다시 심고 싶은지 파악하고 씨앗을 충분히 주문할 수 있도록 모든 일년생 식물을 아래의 세 가지 범주로 나눈다.

수확하면 다시 꽃을 피우는 식물 오랜 기간에 걸쳐 엄청난 양을 생산해내는 꽃이다. 많이 수확할수록 더 많은 꽃을 피운다. 코스모스와 매리골드, 백일홍이 여기 속한다. 나는 이 식물들을 봄에 일찍 심고 한 달쯤 뒤에 한 번 더 심는다.

생산성이 중간 정도인 식물 허니워트와 제비고깔, 조, 금어초 등이다. '수확하면 다시 꽃을 피우는 식물'과 비슷하지만 꽃을 피우는 기간이 더 짧으므로 3주 정도의 더 짧은 주기로 심어야 한다.

한 번만 꽃을 피우는 식물 크레스와 아마처럼 공간을 채워주는 여러 소재는 물론 봄베이 맨드라미와 한 줄기짜리 해바라기가 포함된다. 이 아름다운 꽃들은 들불처럼 피었다가 순식간에 사라진다. 막힘없이 꾸준히 수확하려면 한여름까지 2주마다 심어야 한다.

마지막으로 심는 작물은 가을에 첫 서리가 내리기 전에 꽃을 피울 수 있도록 기간을 넉넉히 잡아야 한다. 씨앗 봉투나 카탈로그를 보면 성숙하기까지 며칠이 걸리는지 명시되어 있으니, 살고 있는 지역의 기후에서 첫 서리가 내리는 평균적인 날에서 그 날수를 거꾸로 빼서 마지막으로 심을 날을 계산한다. 여름이나 가을에 꽃을 피우는 화초들 중에서 꽃을 피우기까지 60일 정도 걸리는 식물을 내가 마지막으로 심는 날은 7월 15일이다.

작은 공간 최대로 활용하기

8천 제곱미터에 불과한 우리 농장은 다른 여러 농장에 비해 작은 편이다. 우리 농장이 큰 주목을 받는 이유 중 하나는 매우 작은 땅에서 엄청나게 많은 꽃을 수확하기 대문이다. 내가 처음 뒤뜰에서 꽃을 기르기 시작했을 때는 화단이 4.5미터 너비에 12.2미터 길이였는데, 모든 식물을 포장의 지시사항에 따라 심었다. 기다란 화단에 각 식물이 뻗어나갈 수 있는 충분한 공간을 두었으며 재배하기 좋은 땅의 상당 부분을 사용하지 않은 채로 그냥 두었다. 하지만 열정이 커지면서 내가 보살피던 작은 땅은 이내 부족해졌다. 나는 땅을 넓히기만 하면 더 많은 꽃을 길러 막 싹튼 내 취미를 사업으로 발전시킬 수 있을 거라 생각해, 더 많은 땅을 찾으려 몹시 애썼다. 하지만 어린 자녀가 둘이나 있고 자금 제한이 있었으므로 가진 것 안에서 해결해야 했다. 작은 땅에서 더 많이 얻겠다는 도전에 직면하면서, 창의적으로 생각해야만 했다. 자그마한 농장에서 10년 가까이 식물을 풍부하게 길러보면서 나는 내 정원에서 놀랄 만큼 많은 꽃을 수확하는 비결을 알아냈고, 다른 사람들에게도 이 방법을 가르쳐주고 있다. 이 핵심 기법들은 옥상은 물론 제멋대로 펼쳐진 뒤뜰에 이르기까지 어떤 크기의 정원이든 최대로 활용할 수 있게 이끌어준다.

현명하게 고르기

공간이 제한적이어도 적절한 식물을 고르면 꽃을 넉넉히 수확할 수 있다. 한 포기당 꽃을 한 송이만 피우는 해바라기 같은 품종 대신 코스모스, 달리아, 백일홍처럼 꽃을 반복하여 피우는 품종에 초점을 맞춘다. 정원의 일꾼인 이 품종들은 오랜 기간 동안 수십 송이의 꽃을 피워 수확할 거리를 풍부하게 제공할 것이다.

가로 세로가 2.4미터 정도 되는 매우 작은 공간이라면, 공간이 많이 필요하고 수확하기까지 몇 년이 걸리는 나무와 관목은 기르지 말기를 권한다. 그 대신 저렴하고, 기르기 쉽고, 생산성이 뛰어난 일년생 화초를 심는다. 선택할 만한 여러 훌륭한 일년생 식물들을 각 식물을 다루는 장에서 소개하겠다.

간격을 촘촘히 하기

매년 꽃을 피우는 식물의 경우, 씨앗 포장 뒷면에 적힌 간격에 관한 안내는 무시한다. 적절히 보완한 토양과 비료, 물만 있으면 가까이 모여 있어도 잘 자랄 수 있다. 우리는 일년생 식물 대부분을 22센티미터 간격으로 심어 기른다. 이 방식이면 씨앗 포장의 지시사항을 따를 때보다 꽃을 서너 배 많이 심을 수 있다.

위로 길게 기르기

공간이 좁다면 식물이 옆으로 퍼지기보다 위로 올라가도록 기르는 방법을 고려한다. 덩굴과 덩굴을 닮은 식물들은 수확하여 쓸 수 있는 훌륭한 소재 중 하나로 격자 구조물을 이용하면 땅은 최소한만 있으면 된다. 예를 들어 스위트피를 한 줄 심을 경우 46센티미터 너비 땅이면 충분하며, 생산성 높은 이 꽃을 한 줄로 길게 심으면 두 달여에 걸쳐 매일 신선한 꽃을 얻을 수 있다.

용기 활용하기

식물을 기를 실제적인 땅이 없더라도 화분에 꽃을 심을 수 있다. 나는 진입로나 오래된 테니스장, 차고 지붕에 화단을 만들어 꽃과 채소를 성공적으로 키우는 사람들도 많이 보았다. 도시에 산다면 큰 용기와 나무 상자에 덩굴 등 생산성 높은 식물들을 채워 테라스나 뜰을 변신시킬 수도 있다.

Digging In

시작하기

계획을 확고히 세우고 무엇을 심을지 정했다면, 이제 손에 흙을 묻힐 시간이다.

유기농으로 하기

우리는 정원 전체를 유기적으로 관리하고 땅에 유독한 화학물질이나 제초제를 쓰지 않는다. 식물의 건강을 증진시키고 해충과 질병을 막기 위해 (포장의 지시사항에 따라 뿌린) 많은 양의 퇴비와 천연 비료에 많이 의존한다. 이런 방식으로는 꽃이 자랄 수 없다고 내게 말한 많은 전문가들은 화학 비료와 해충 방제만이 완벽한 판매용 꽃을 생산하는 유일한 방법이라고 했다. 하지만 이는 사실이 아니다. 거짓말은 하지 않겠다. 유기농 방식은 화학물질을 사용할 때보다 훨씬 더 길이 많다. 하지만 결과는 극적으로 차이가 난다.

토양에 영양분 주기

모든 것은 토양에서 시작된다. 나는 '주는 대로 받는다'는 보편적인 법칙이 정원에도 완벽히 적용된다는 사실을 몇 번이고 깨닫는다. 눈에 보이지 않는 대상에 돈과 시간을 쏟아붓는 일이 직관적으로 맞지 않아 보일 수 있지간 그럴 만한 가치가 있음을 보장한다. 나는 토양 준비가 미래에 대한 투자라고 생각한다.

퇴비는 우리 땅을 비옥하게 하는 근본적인 방법이다. 매 계절 엄청난 양의 식물을 정원에서 수확하므로, 가져가는 만큼 채워주는 것이 매우 중요하다. 퇴비의 이점은 다양하지만 핵심은 토양의 구조를 개선하고 더 비옥하게 만들어준다는 것이다. 우리 농장의 모래흙에는 식물이 잘 자라도록 적절한 영양을 공급하고 수분을 유지해주는 퇴비가 꼭 필요하다.

나는 토양 테스트 결과를 토대로 수정 물질을 추가해 정원에 부족한 무기질과 추천 영양분을 공급하고 흙을 갈아엎는다. 이 작업은 가을에 하는 게 이상적인데, 그래야 모든 성분이 용해되어 흙과 섞일 시간이 생기기 때문이다. 봄에 화초를 심기 몇 주 전

에는 화단마다 잘 썩은 퇴비와 유기농 비료를 5~10센티미터 두께로 뿌려 잘 섞는다.

물 잘 주기

만족스러운 꽃 수확을 위해서는 비옥한 토양 다음으로 물을 꾸준히 주는 것이 중요하다. 식물이 어릴 때는 위에서 물을 뿌리는 스프링클러나 물뿌리개로 수분을 유지하기가 쉽다. 하지만 식물이 크게 자라면 물이 잎을 거쳐 땅에 도달하기가 어려워진다.

토양에 수분이 고르게 분포하되 질척거리지 않도록 물을 자주 주는 것이 중요하다. 또한 꽃이 피기 시작하면 위에서 물을 주는 방식은 손상을 유발할 수 있으므로 피해야 한다. (묘목장과 원예용품점에서 쉽게 구할 수 있는) 물이 한 방울씩 떨어지거나 새어 나오는 호스는 정확히 필요한 위치, 즉 뿌리 근처에 물을 공급하는 훌륭한 방식으로 위에서 뿌리는 형식의 스프링클러보다 물을 25~40퍼센트 정도 적게 사용한다. 물이 새어나오는 방식의 호스를 쓴다면 그냥 필요한 위치에 놓아두기만 하면 된다. 물을 한 방울씩 떨어뜨리는 호스는 일종의 조립식 장난감 같은 방식으로 여러 조각을 끼워 한데 연결하게 되어 있다. 설치가 어렵지는 않지만 여러분이 선택하는 방식에 따라 세부 사항이 다르므로 지시 내용을 잘 따라야 한다. 어떤 방식을 쓰든 퇴비와 비료 등의 토양 수정 물질을 추가했으면 곧바로 관개 호스를 설치한다.

잡초 관리하기

나는 아이들이 매우 어릴 때 꽃을 기르기 시작했다. 모든 정원일을 해내면서 자유분방한 어린아이 둘을 따라다니기란 불가능했다. 나는 꽃을 기를 때 시간이 가장 많이 소모되는 잡초 제거를 최소화하기 위해 화단과 샛길의 잡초를 다 막아주는 방초망에 투자했다. 우리는 남편이 금속판으로 만든 간단한 형판을 이용해, 식물 크기만 한 구멍을 적당한 간격으로 찍어냈다. 이 방법은 매우 쉽고 성공적이어서, 지금도 미리 구멍을 뚫어놓은 천이 4천 제곱미터 넘게 있다. 우리는 방초망을 화단 위에 잘 덮은 다음 ㄷ자 형태의 지면용 철사 침을 찔러넣어 땅에 고정한다. 끝부분끼리는 서로 포개어 원치 않는 잡초가 생길 만한 틈새를 남기지 않는다. 대부분의 작물을 방초망 안에 심고 재배 기간 내내 잡초를 한두 번만 제거한다. 계속 잡초를 뽑느라 매주 다른 사람들의 도움을 받는 것보다, 화초를 심기 전에 방초망을 설치하고 재배 기간 마지막에 제거할 때 몇 차례만 도움을 받는 편이 훨씬 수월하다.

아름다운 꽃을 기르기 위해 방초망이 꼭 필요한 것은 아니지만, 잡초를 효과적으로 정복하는 방법을 찾을 필요는 있다. 선호의 문제일 뿐이다. 내가 아는 재배자들 중에는 줄줄이 끝없는 꽃밭에서 괭이질을 하는 고독한 작업을 좋아하는 사람도 많다. 여러분이 그 방법을 선호한다면 그렇게 하되, 가볍고 날이 땅과 평행한 괭이 구입에 투자하라. 이 특별한 도구는 길고 좁고 예리한 날이 흙 표면과 평행을 이루고 있어 똑바로 선 자세로 사용하면 작은 잡초들을 뿌리부터 잘라내므로 우리에게 익숙한 '찍는 방식의' 괭이보다 신체적인 면에서 작업이 더 수월하다.

대량의 뿌리 덮개를 구할 수 있다면, 화단에 유기물을 두껍게 덮어 잡초를 억제할 수 있다. 그런 다음 거기에 바로 식물을 심는다. 썩은 잎과 지푸라기, 마른 풀 모두 화단을 덮기에 좋다. 다만 저온 발효로 만든 퇴비와 생거름, 오래된 건초처럼 대량의 잡초 씨앗이 번식할 수 있는 소재는 피한다.

심기

토양을 손보고, 관개 호스를 설치하고, 방초망이나 뿌리 덮개를 덮었다면 가장 기다리던 순서인 화초를 심을 차례다. 이 작업을 할 때 내가 선호하는 도구는 버터 나이프인데, 가볍고 크기가 방초망에 뚫은 구멍에 딱 알맞기 때문이다. 더 큰 식물이라면 호리호리hori hori 칼이나 작은 모종삽을 쓰는 것이 좋다.

세워둔 정원 계획에 따라 씨앗이나 모종 사이의 간격을 두어서 뿌리 맨 윗부분이 흙 표면 높이만큼 오거나 그보다 약간 더 올라오도록 심는다. 일단 식물을 심었으면 뿌리를 내리는 동안 스트레스를 주지 않는 것이 대단히 중요하다. 나는 모든 새 식물에 즉시 물을 흠뻑 준 다음 포장의 지시사항에 따라 액상 해조류와 생선 유제 같은 액체 비료를 마주 준다. 이 마법 같은 혼합물은 어린 식물에 영양분을 주고, 옮겨 심느라 상긴 충격을 줄여주며, 미래를 위한 면역 체계를 형성하도록 돕는다. 나는 식물을 사람처럼 생각해보곤 하는데, 사람처럼 식물도 처음부터 보살핌을 잘 받을수록 일생 동안 더 건강하다.

절화 정원의 기초

Essential Techniques

필수 기법

몇 가지 간단한 방법을 익히면 식물의 건강과 생산성을 손쉽게 극대화할 수 있다.

싹 틔우기의 기초

직접 싹을 틔우는 것은 시즌을 일찍 시작하는 훌륭한 방법이다. 가까운 지역 묘목장에서는 구할 수 없는 수백 종류의 특이한 품종을 길러볼 수 있으며 적당한 비용으로 절화 정원을 빨리 채울 수 있는 방법이기도 하다. 시작하기 전에 몇 가지 핵심 내용만 기억해두면 된다.

봄의 마지막 서리와 가을의 첫 서리가 내리는 날짜 파악하기

늦겨울과 이른 봄에 정신없이 씨앗을 뿌리기 전에, 작업을 얼마나 일찍 시작할 수 있는지 아는 것이 중요하다. 확실히 모르겠다면 여러분이 사는 지역의 전문 원예가 모임이나 믿을 만한 묘목장 직원에게 마지막 서리 예상일을 문의해보라. 빨리 자라 여름에 꽃을 피우는 일년생 식물(코스모스와 해바라기, 백일홍처럼 수확까지 90일이 채 걸리지 않는 식물로, 씨앗 봉투에 수확까지 걸리는 일수가 명시되어 있다)은 봄의 마지막 서리가 나리는 날보다 4~6주 이상 일찍 싹을 틔우면 안 된다. 재배 용기에 비해 너무 커지고, 잎이 무르고 약해지며, 뿌리가 웃자라게 되기 때문이다. 한편 다년생 식물처럼 늦게 자라는 식물은 싹이 트기까지 2주 정도 걸릴 수 있으므로, 봄의 마지막 서리가 내리는 날짜보다 10~12주 전 실내에 씨앗을 뿌린다. 마지막 서리가 나리는 날을 알았으면 씨앗 봉투 뒷면의 수확까지 걸리는 기간을 확인하여 실내에서 몇 주 일찍 싹을 틔울 수 있는지 계산한다.

봄에 날씨가 따뜻해진 뒤 연속으로 작물의 씨앗을 뿌리고 싶다면 성숙해질 시간이 충분하도록 한여름까지(온화한 기후라면 초가을까지도) 심는다. 예를 들어 기르려는 화초가 성숙하기까지 60일이 걸린다면, 가을에 첫 서리가 내리는 날짜를 확인한 뒤 거꾸로 60일을 센다. 엄밀히 따지면 그 날이 그 시즌에 해당 작물을 심을 수 있는 마지막 날인 것이다. 하지만 날이 추워지고 해가 짧아지면 식물의 성장도 느려진다. 따라서 만약을 대비해 작물이 성숙할 기간을 충분히 확보할 수 있도록 나는 추가로 한 달을 거꾸로 더 세어, 식물이 꽃을 피우고 수확할 거리가 생기게 하는 편을 선호한다.

알맞은 용기 고르기

바닥에 구멍을 낸 플라스틱 컵과 오래된 화분, 달걀판 등 흙을 담을 수 있고 배수만 잘 되면 어떤 용기에서든 싹을 틔울 수 있다. 화분을 재사용한다면 표백제를 10퍼센트로 희석한 물에 깨끗이 씻어, 오래 살아남는 병균을 없앤다. 하지만 최상의 결과를 내고 싶다면 모종을 4~6포기씩 담을 수 있는 칸막이 용기를 지역 묘목장에서 구해 재활용하거나 특별히 씨앗을 기를 수 있게 만들어진 얕고 구멍이 있는 파종판을 새로 구입하기를 강력히 권한다(304쪽 '재료 구입처' 참고).

파종판의 크기가 다양해 고르기가 약간 부담스러울 수 있다. 내가 모두 시험해본 결과로는 일년생과 다년생 씨앗의 싹을 틔울 경우 72칸과 50칸짜리가 괜찮았다. 두 크기 모두 덩치 큰 모종을 생산하므로 정원에 옮겨심기 전에 분갈이를 할 필요가 없다.

덩굴과 호박, 스위트피에는 10센티미터 크기의 화분을 쓴다. 스위트피 같은 경우 루트 트레이너(활발히 자라나는 뿌리에 발달 공간을 주는 길고 날씬한 재배 용기로 304쪽의 '재료 구입처'를 참고한다)를 쓰는 것도 좋다.

파종판 및 화분과 더불어 용기를 올려둘 배수판과 씨앗이 제대로 발아하도록 습도를 유지해주는 플라스틱 뚜껑도 필요하다. 파종판과 배수판, 플라스틱 뚜껑이 모두 들어 있는 키트를 구할 수도 있다. 사정이 어렵다면 비닐 랩을 써도 되지만, 면밀히 관찰하다가 흙 표면을 뚫고 발아할 기미가 보이면 즉시 제거해 성장에 방해가 되지 않게 해야 한다. 나는 파종판에 꼭 맞는 투명 아크릴 뚜껑을 강력히 추천한다. 습도와 높은 열을 유지해주어 발아와 성장 속도가 상당히 빨라진다. 모든 장비의 구입은 304쪽의 '재료 구입처'를 참고한다.

좋은 흙 사용하기

품질이 뛰어난 발아용 혼합토로 싹을 틔우는 것이 중요하다. 뿌린 대로 거두게 되므로 가장 저렴한 것을 택하지는 말자. 이 특별한 혼합물에는 작은 모종이 좋은 출발을 할 수 있게 해주는 성분들이 섞여 있다. 성분을 확인하여 어린 식물이 타버리거나 성장에 방해를 받을 수 있는 합성 비료나 나무껍질이 들어 있는 제품은 피한다. 발아용 혼합토는 입자가 고와 작은 씨앗에 알맞다. 덩굴과 호박처럼 씨가 커서 큰 화분에서 싹을 틔우는 품종은 좋은 품질의 화분용 영양토를 쓴다.

아래쪽에서 열 공급하기

씨앗이 빨리 발아하려면 온기와 습도가 유지되어야 한다. 냉장고나 라디에이터 위처럼 파종판을 몇 개 올려둘 수 있는 아늑한 공간이 있다면 열기로 싹을 금방 틔울 수 있다. 하지만 꽃을 기르는 일에 푹 빠져 있다면 이 공간이 금세 부족해질 것이다. 꾸준한 결과를 내려면 특별히 발아용으로 만들어진 열 매트(304쪽의 '재료 구입처' 참고)를 구입한다.

빛 충분히 공급하기

식물을 번식시킬 나만의 온실이나 일광욕실이 있으면 더없이 좋겠지만 그런 공간이 없더라도 걱정하지 말자. 따뜻한 실내 공간에 상점용 조명을 설치하여 직접 만든 간단한 모종실로도 훌륭한 결과를 낼 수 있다. 처음 몇 년간 나는 모든 씨앗을 지하실의 조명 아래 있는 선반에서 싹 틔웠다. 비용을 줄이려면 철물점에서 파는 상점용 조명을 몇 개 구입하면 된다. 저렴한 체인에

매달면 모든 준비는 끝이다. 식물이 잘 자라는 데 필요한 모든 스펙트럼의 빛을 비추고 싶다면, 색온도가 낮은 전구와 높은 전구(라벨에 표시되어 있을 것이다)를 둘 다 구입해 형광 불빛의 균형을 맞춘다. 모종 위로 몇 센티미터 떨어진 지점에 조명을 매달고 타이머를 맞춰 하루에 14~16시간 동안 빛을 쏘인다. 식물이 자라면 조명이 가장 키가 큰 식물의 5~7센티미터 위쯤 오도록 조명 위치를 계속 높여준다.

땅에 직접 뿌리기

나는 씨앗의 약 90퍼센트를 온실 안에서 싹 틔운다. 이렇게 하면 날씨가 따뜻해졌을 때 어느 정도 자란 식물을 내놓을 수 있어 시즌을 일찍 시작할 수 있다. 또한 자리가 잡힌 식물을 심게 되므로 잡초와 경쟁했을 때 이기거나 햇빛을 차지할 가능성이 높아져, 잡초를 줄이는 데 도움이 된다.

하지만 모든 식물에 특별한 조치가 필요한 것은 아니다. 많은 원예가들이 씨앗을 땅에 직접 뿌린다. 즉 바깥에 바로 심는다. 곡식과 풀, 해바라기, 백일홍처럼 빨리 자라는 여름 일년생 식물은 이 방법으로 씨앗을 뿌릴 만하다고 생각하는데, 씨를 뿌린 뒤 며칠이면 싹을 틔운다. 또한 조개꽃과 제비고깔, 니겔라 같은 내한성 일년생 식물들은 옮겨 심는 것을 싫어하므로 땅에 직접 씨앗을 뿌리는 것이 실제로 가장 좋다.

씨앗을 땅에 직접 뿌릴 때는 손으로 할 수도 있지만, 몇 줄만 심는 것이 아니라면 얼스웨이Earthway(304쪽의 '재료 구입처' 참고)처럼 뒤에서 미는 형식의 파종기를 이용해 작업을 단숨에 끝낼 수 있다. 이 편리한 도구를 밀면서 보통 속도로 걸으면 고랑을 파고, 그 안에 씨앗을 떨어뜨린 뒤, 흙으로 덮는다. 30초도 안 되어 7.6미터 길이 땅에 씨앗을 한 줄 심을 수 있다.

파종판이나 화분에서 싹 틔우기

❶ 흙이 촉촉하면서 흠뻑 젖지는 않을 정도로 수분을 공급한다.

❷ 파종판이나 화분에 흙을 끝까지 채운 다음 흙이 기포 없이 잘 자리 잡도록, 용기를 탁자에 올려놓고 탁탁 내리친다.

❸ 심으려는 품종의 이름과 심는 날짜를 적어 파종판이나 화분에 붙인다.

❹ 씨앗 봉투에 어느 정도 깊이로 심으라고 명시된 내용을 참고하는데, 경험상 씨앗 길이의 두 배 정도 깊이로 심는 것이 일반적이다. 손가락이나 연필 혹은 (씨앗용) 구멍 파는 도구로 각 칸이나 화분에 씨앗을 심을 구멍을 낸다.

❺ 구멍마다 씨앗을 한두 개씩 떨어뜨린다.

❻ 발아용 혼합토를 가볍게 뿌리거나 큰 씨앗이라면 화분용 영양토를 0.6센티미터 두께로 추가하여, 씨앗을 완전히 덮는다.

❼ 새로 씨앗을 뿌린 파종판이나 화분을 2.5센티미터 높이로 물을 채운 플라스틱 통에 넣어 아래쪽으로 물을 흡수하기 한다. 흙 표면이 고르게 촉촉해지면 통에서 꺼낸다. 판이나 화분을 물속에 한 시간 넘게 두지 않는다.

❽ 파종판이나 화분을 투명한 플라스틱 뚜껑으로 덮은 뒤 21도로 맞춘 열 개트 위나 따뜻한 집 안 구석에 둔다. 보통 쿨을 다시 줄 때가 오기 전에 싹을 틔우겠지만, 2~3일 후 흙이 촉촉한 정도를 확인하여 마른 상태라면 다시 한 번 아래쪽으로 물을 공급한다.

❾ 매일 파종판이나 화분을 확인한다. 일단 싹을 틔웠으면 플라스틱 뚜껑을 제거하고 판이나 화분을 일광욕실이나 온실처럼 밝은 곳 혹은 형광등 아래로 옮긴다. 맨 처음 나오는 잎을 떡잎이라 하고, 그 뒤에 나오는 잎을 본잎이라 부른다. 본잎이 날 때까지 계속 아래쪽으로 물을 공급한다.

❿ 모종을 매일 확인하여 흙이 마르기 시작하면(하루나 이틀에 한 번 정도다) 호스나 물뿌리개로 물을 살살 뿌린다. 어린 식물은 자라면서 영양분이 필요해진다. 씨앗 포장의 지시사항에 따라 액상 해조류와 생선 유제 같은 액체 비료를 물뿌리개에 소량 추가하여 매주 흠뻑 뿌려준다.

⓫ 모종이 대략 5센티미터 길이로 자라 파종판이나 화분에 비해 커지기 시작하면 더 큰 용기로 옮겨 심는다. 혹은 (서리의 위험이 모두 지나간 후) 날씨가 충분히 따뜻해지면 바깥으로 옮기기 시작한다.

⓬ 어린 식물을 정원에 내놓기 전에 '찬 기운을 쐬는 과정'이 중요하다. 기온의 갑작스러운 변화에 충격을 받을 수 있기 때문이다. 파종판이나 화분을 바깥의 비바람이 들이치지 않는 곳에 내놓되, 1~2주가 지나 바깥에 쭉 둘 수 있을 때까지 2~3시간부터 시작해 매일 시간을 서서히 늘린다. 이렇게 하면 어린 식물이 바깥의 극단적인 기온 변화에 적응하는 데 도움이 된다.

꽃 지탱하기

멋진 꽃들이 잘 자라고 있던 화단이 봄에 들이닥친 폭우나 여름의 폭풍 때문에 통째로 쓰러지면 손해가 엄청나다. 몇 가지 방법으로 식물에 지지대를 세워주면 길고 곧게 뻗을 수 있고 날씨로 인한 손상을 피할 수 있다. 아래의 네 가지 요령은 내가 가장 자주 쓰는, 정원의 식물들이 곧게 서 있게 해주는 방법들이다.

울타리 치기

국화나 코스모스, 달리아처럼 키와 부피가 큰 식물로 가득한 화단이 있다면 그 둘레에 기둥과 끈으로 만든 울타리를 설치하는 것이 가장 빠르고 쉬운 방법이다. 무거운 나무나 금속 기둥을 땅 위로 1.2~1.5미터가량 올라오도록 화단의 네 모서리에 박은 다음, 가장자리를 따라 2.3~3미터 간격으로 기둥을 추가한다. 기둥의 바깥 둘레를 따라 1미터 높이로 노끈을 두르고 가능한 팽팽하게 당긴다. 이렇게 하면 식물이 쓰러져 길 쪽으로 넘어가는 상황을 막을 수 있다. 키가 1.2미터를 넘는 식물이 있을 경우 30센티미터 위에 노끈을 한 줄 더 두른다.

그물 치기

조개꽃, 루드베키아, 맨드라미, 국화, 레이스 플라워, 금어초, 백일홍처럼 줄기가 많이 나뉘는 식물에는 한 칸이 15센티미터 크기 정사각형으로 된 플라스틱 그물을 친다. 식물을 심은 직후 혹은 식물의 키가 30센티미터에 이르기 전에, 화단 네 모서리와 둘레를 따라 묵직한 나무나 금속 말뚝을 1.2미터 높이에 약 2.4미터 간격으로 박는다. 땅에서 46센티미터 정도 높이에 그물을 치는데, 식물 위에 천을 덮는 듯한 느낌으로 팽팽하게 당겨 말뚝에 씌우거나 케이블 타이로 고정한다. 이렇게 하면 식물이 그물을 통과하면서 자라 비바람에도 곧게 서 있을 수 있다. 국화처럼 덩치가 큰 꽃에는 약 30센티미터 간격으로 그물을 두 겹 설치한다.

지지대 세우기

개별적으로 심은 달리아나 델피니움처럼 부피가 크고 추가로 지탱해주어야 하는 큰 식물에는 각각 지지대를 세워준다. 식물의 키가 30센티미터 정도라면 1~1.2미터 높이의 견고한 막대를 식물의 아랫부분에서 몇 센티미터 띄워 박는다. 식물이 자람에 따라 줄이나 노끈을 이용해 줄기를 막대에 15~20센티미터 간격으로 느슨하게 묶는다.

격자 구조물 세우기

클레마티스와 코베아, 스위트피처럼 왕성하게 기어오르는 식물은 빠르게 성장하므로, 심기 전에 튼튼한 뼈대를 세우는 것이 중요하다. 1.8미터 높이의 나무나 금속 기둥을 써서 견고한 격자 구조물을 만든다. 줄을 따라 기둥을 2.4~3미터 간격으로 박은 뒤, 와이어나 케이블 타이로 1.8미터 길이의 (치킨 와이어 같은) 금속 울타리를 기둥에 고정한다. 덩굴이 자라 키가 30센티미터 정도 되면 노끈을 둘러 덩굴을 울타리에 고정한다. 이렇게 하면 덩굴이 격자 구조물에 바싹 고정되어 비바람에도 넘어지지 않을 것이다. 스위트피와 관목 한련처럼 달라붙는 덩굴손이 없고 빨리 자라는 식물들은 매주 노끈을 한 층씩 추가한다.

순치기

여름에 꽃을 피우고 줄기가 나뉘는 형태의 일년생 식물에게는 순치기가 중요하다. 순치기를 하면 식물 아래쪽에서 줄기가 더 많이 나뉘어 한 포기당 꽃을 피우는 줄기의 수가 늘어날 뿐 아니라 줄기 길이도 길어진다.

식물의 키가 20~30센티미터로 아직 어릴 때 예리한 전지가위로 꼭대기 부분을 7~10센티미터 정도 자르는데, 잎 바로 위를 자른다. 이렇게 하면 잘린 부분 아래쪽에 줄기를 여럿 만들라는 신호를 보내게 되어 꽃이 더 풍부하게 피어나는 결과를 낳는다. 아마란스와 줄기가 나뉘는 유형의 해바라기, (봄베이 맨드라미를 제외한 모든) 맨드라미, 코스모스, 달리아, 금어초, 백일홍은 순치기를 하면 큰 이익을 얻을 수 있다.

나는 여러 개의 줄기에서 꽃을 피우는 일년생 식물만 순치기를 한다. 줄기가 하나인 해바라기와 봄베이 맨드라미처럼 한 포기당 꽃을 한 송이만 피우는 품종은 순치기를 하지 않는다. 이 책에서 어떤 식물에 순치기를 하는 것이 좋고, 최상의 결과를 얻으려면 어느 단계에 순치기를 해야 하는지 그 요령을 소개하겠다.

절화 돌보기

아름다운 어레인지먼트를 위해 직접 기른 신선한 꽃을 한 아름 수확하며 정원을 거니는 경험은 매우 황홀하다. 몇 개월 동안 열심히 일하고 세심하게 관리한 뒤 얻는 풍성한 꽃은 값을 매길 수 없는 보상이다.

이 책을 통해 각 품종을 화병에 꽂았을 때 수명을 늘릴 수 있는 믿을 만한 요령들을 소개할 것이다. 이에 더해 절화를 최대로 활용할 수 있게 해주는 중요한 기법들을 이야기하겠다.

사용하기 전에 양동이와 화기를 씻고 살균하기

절화의 수명을 늘리는 중요한 방법 중 하나다. 경험상 물을 담아 마실 수 있을 만큼 화기가 깨끗해야 한다. 더러운 용기는 줄기를 막아 물을 빨아올리지 못하게 만드는 박테리아의 온상으로, 꽃의 수명이 급격히 짧아진다.

하루 중 가장 시원할 때 꽃과 잎 수확하기

아침이나 저녁은 식물이 가장 통통하고 수분이 많은 때로, 잘리는 충격에서 가장 빨리 회복될 수 있다.

긴 수명을 위해 알맞게 성숙한 꽃 수확하기

모든 품종에는 수확하기에 이상적인 시기가 있는데, 각 식물의 개요 부분에서 소개할 것이다. 대부분은 꽃이 활짝 피기 전과 벌이 찾아오기 전에 수확하는 것이 가장 좋다. 일단 수분이 이루어지면 씨앗을 맺으라는 신호가 전달되어 수명이 짧아진다.

줄기를 시원하고 깨끗한 물에 담그기

수확하고 나면 줄기의 아래쪽 절반 정도의 잎을 제거한 뒤 곧바로 시원하고 깨끗한 물에 담근다. 이렇게 하면 다시 수분을 공급해야 할 잎이 줄어들어 시들 가능성이 매우 줄어든다. 가장 손쉬운 방법은 정원에 수확하러 나갈 때 양동이를 들고 가는 것이다.

줄기를 쉬게 하기

방금 수확한 꽃을 담은 양동이를 직사광선이 닿지 않는 시원한 곳에 두어 어레인지 전 몇 시간 동안 쉴 수 있게 한다. 이렇게 하면 꽃과 잎이 다시 수분을 충분히 흡수할 기회가 생긴다.

꽃 수명 연장제 추가하기

이 '꽃을 위한 식량'에는 설탕과 산성화제, 살생제라는 세 가지 주요 성분이 들어 있다. 이 물질을 화병의 물에 섞으면 계속해서 영양분을 공급하고, 꽃이 마실 수 있도록 물을 산성으로 유지하며, 화병 속에 해로운 박테리아가 생기는 것을 막는다. 내가 좋아하는 제품인 '플로럴라이프 크리스털 클리어Floralife Crystal Clear'는 온라인으로 주문할 수 있다. 가루 형태의 수명 연장제를 물 1리터당 5그램씩 넣은 뒤 꽃을 꽂기 전에 잘 젓는다.

줄기 다시 자르기

꽃과 잎을 화병에 꽂기 전에 예리한 전지가위를 이용해 줄기를 사선으로 자른다. 이러면 식물이 꾸준히 물을 섭취할 수 있다.

특별한 경우의 줄기 자르기

지저분한 꽃

절화 업계에서는 몇몇 화초를 '지저분한 꽃'이라고 부른다. 이 품종들은 꽃 수명 연장제를 추가해도 물이 순식간에 탁해지기로 악명이 높다. 루드베키아와 해바라기, 야로우, 백일홍이 여기에 속한다. 이런 지저분한 습성을 이겨내고 수명을 늘리려면 물에 꽃 수명 연장제와 함께 표백제를 몇 방울 추가한다.

물을 힘들게 흡수하는 꽃

호병에 꽂으면 아름답지만 수확 후 물 흡수를 어려워하는 꽃과 잎들이 있다. 이런 꽃들은 7~10초 동안 줄기 끝을 불에 그슬리거나 끓는 물에 담가 그 부분의 색상과 질감을 변하게 한다. 그런 다음 시원한 물이 담긴 화병에 꽂는다. 바질과 세린데, 아이슬란드 양귀비 민트, 센티드제라늄에 알맞은 방법인데, 그 외에도 쉽게 시드는 어떤 식물이든 시도해볼 만하다. 나는 보통 가장 손쉬운 방법인 끓는 물을 이용하지만 (꽃 한 줌을 한 번에 담글 수 있다) 아이슬란드 양귀비에는 불을 쓰는 쪽이 더 효과적이다.

나뭇가지

꽃을 피우는 여러 나무와 관목은 잘라 쓰기에 좋은 훌륭한 소재이지만 목질 줄기에 수분을 공급하는 것이 매우 까다로울 수 있다. 이런 목질 줄기들은 수확하자마자 아래쪽 절반 정도의 잎을 제거한 뒤 크고 튼튼한 가위로 줄기 끝을 세로로 몇 센티미터 정도 가른다. 그런 다음 곧바로 시원하고 깨끗한 물이 담긴 양동이에 담가 어레인지할 때까지 휴식을 취하게 한다.

Tools of the Trade

필요한 도구

알맞은 도구를 갖추고 있으면 작업이 빨라지고, 인체공학적으로 디자인된 도구는 정원 가꾸기라는 힘든 노동이 신체에 미치는 영향을 줄일 수 있다. 나는 몇 년간 완벽한 도구를 찾고자 수십 가지의 다양한 도구들을 시험해봤다. 아래는 절화를 키우는 사람이라면 누구나 장비 창고에 구비해야 한다고 생각하는 도구들이다.

원예 도구

배낭형 분무기 나는 천연 액비와 생선 유제를 뿌릴 때 11.3리터짜리 솔로Solo 배낭형 분무기를 사용한다. 제초제나 살충제를 쓴다면 각각 다른 분무기를 정하여 알기 쉽게 라벨을 붙여야 한다. 나는 헛간에서 엉뚱한 분무기를 집어드는 실수로 작물 전체를 죽이는 경우를 많이 보았다.

버터나이프 미리 구멍을 뚫어놓은 방초망(29쪽 참조)에 작은 식물을 옮겨 심을 때 매우 유용하다. 가볍고 사용이 쉬우며, 폭이 좁아 구멍에 충분히 집어넣을 수 있다.

땅과 날이 평행한 괭이 인체공학적인 디자인의 이 괭이를 쓰면 신체를 똑바로 세운 상태로 땅을 일굴 수 있다. 얇고 예리한 날이 흙 표면 바로 밑을 지나 잡초를 뿌리부터 잘라낸다. 가볍고 꼿꼿한 디자인 덕분에 잡초를 제거하는 지루한 작업이 빠르고 사색의 즐거움이 있는 작업으로 바뀐다.

얼스웨이 파종기 뒤에서 미는 형식의 파종기로, 사용이 편리하고 작업이 빠르다. 고랑을 내고, 미리 지정한 간격대로 씨앗을 심은 뒤, 흙으로 덮고, 다음 줄을 표시하는 동안 흙을 다지는 작업을 한 번에 쉽게 해낸다. 나는 가을에 내한성 일년생 식물을 심을 때와 해바라기, 백일홍처럼 빨리 싹을 틔우는 여름 식물의 씨앗을 바깥에 직접 심을 때 이 도구를 사용한다.

직접 꽃을 기르는 플로리스트를 위한 도구 벨트 나는 필수 도구들을 몸 가까이 두어 효율성을 높인다. 이 가죽 도구 벨트(304쪽의 '재료 구입처' 참조)에는 두 종류의 전지가위와 휴대폰 그리고 펜이나 연필을 넣을 공간이 있다. 사무실이나 장비 창고까지 되돌아가지 않고도 공책과 각종 문서, 수확물을 전부 가지고 다닐 수 있다.

꽃가위 가볍고 끝이 뾰족한 꽃가위는 매일 수확을 할 때 항상 쓰는 도구이다. 스위트피 같은 연약한 꽃과 달리아나 백일홍 같은 두꺼운 줄기에 모두 잘 맞는다. 손바닥에 딱 맞는 완벽한 형태로 손목의 고통 없이 몇 시간 동안 수확을 할 수 있다.

정원 수레 옮겨 심을 식물이 든 파종판이나 물 양동이, 공구, 꽃 등 무엇이든 수레를 이용하여 끈다.

장갑 튼튼한 가죽 장갑은 장미를 가지치기하고 웃자란 식물을 깨끗이 정리하는 데 필수품이지만, 내가 매일 찾는 장갑은 내구성과 통기성이 뛰어나며 쉽게 세탁할 수 있는 가벼운 니트릴 코팅 장갑이다.

튼튼한 금속 갈퀴 퇴비를 골고루 펼칠 때는 물론, 방초망을 깔거나 씨를 뿌리기 전에 화단을 고를 때 매우 유용하다.

호리호리 칼 손으로 잡초를 제거하고, 작은 식물을 옮겨 심고, 달리아의 덩이줄기와 다년생 화초처럼 큰 식물을 심을 때 이 칼을 즐겨 쓴다.

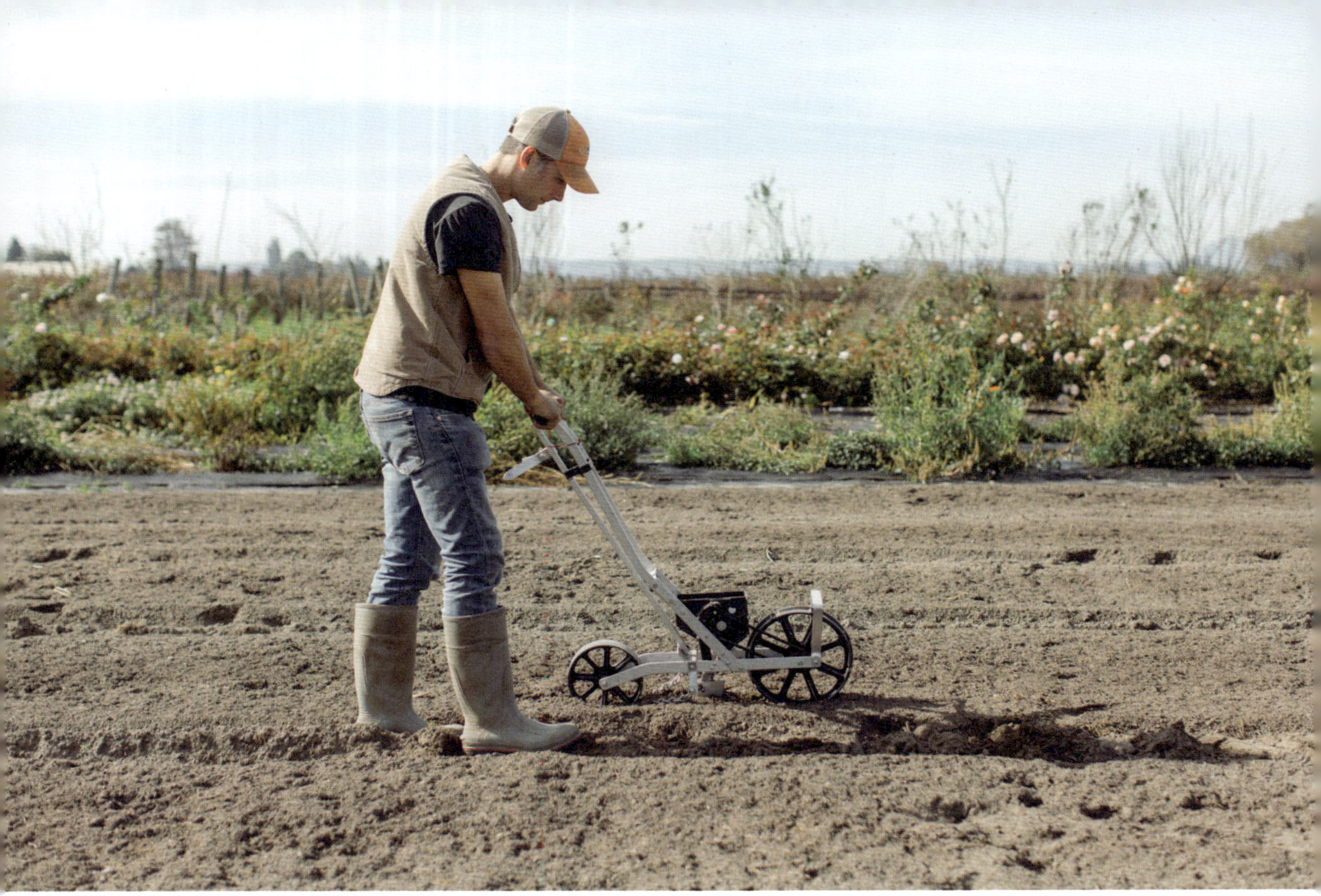

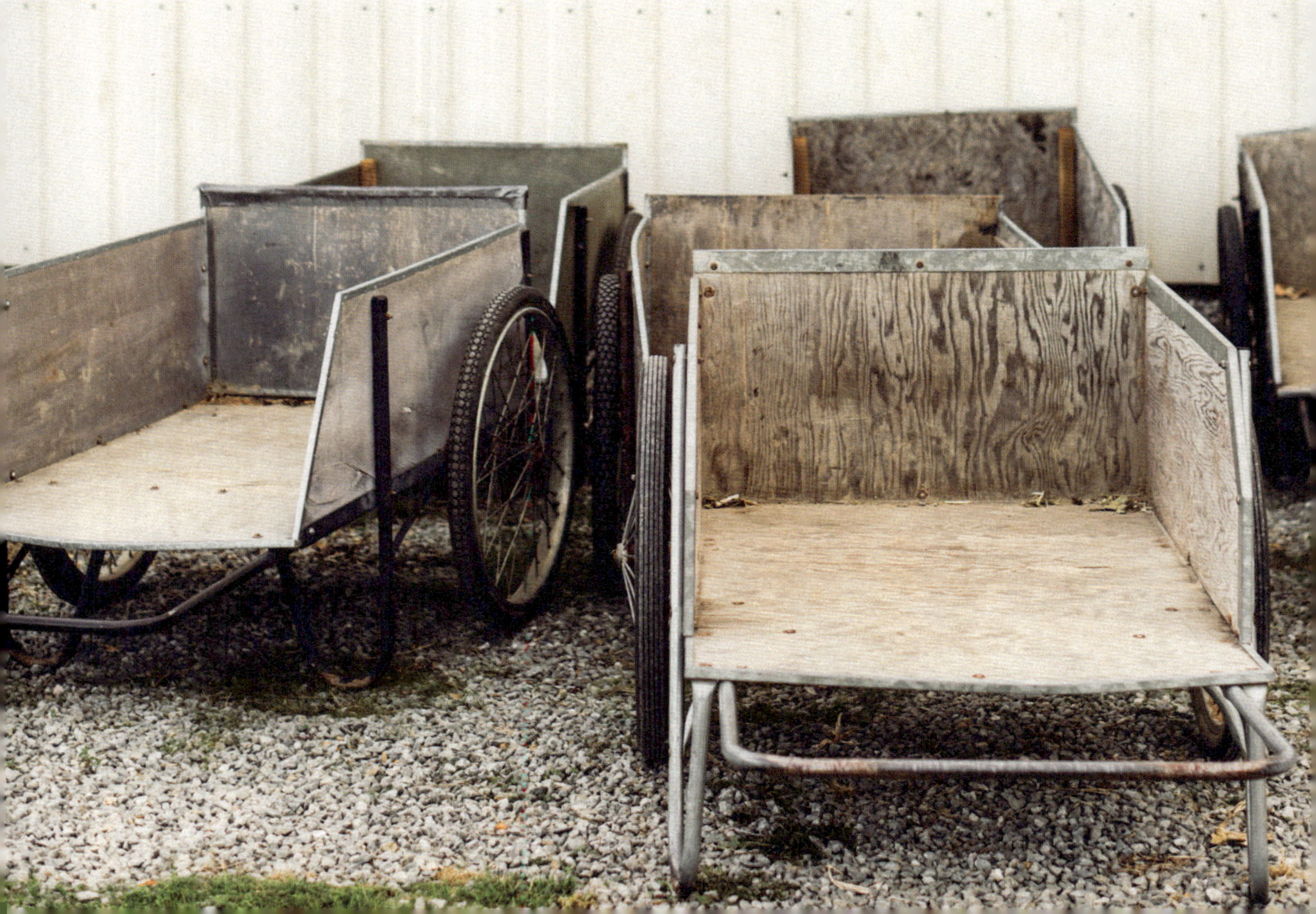

일본산 호미 균형 잡히고, 가볍고, 견고하며, 예리한 이 작은 도구는 언제나 나의 사랑을 받는 손잡이가 짧은 괭이다.

손잡이가 긴 쇠스랑 화단에 퇴비를 뿌리고 뿌리 덮개를 덮을 때는 물론, 화단을 갈아엎고 가을에 달리아 덩이줄기나 구근을 캘 때 쓴다.

손잡이가 긴 삽 모든 원예가에게는 튼튼한 손잡이가 달린 좋은 삽이 필요하다. 화단을 갈아엎고, 흙을 옮기고, 돌을 캐내고, 식물을 옮겨 심는 등 다양한 용도로 쓸 수 있다.

손잡이가 긴 와이어 제초 도구 손잡이가 길고 인체공학적으로 디자인된 이 괭이는 신체를 세운 상태로 잡초를 정밀하게 제거하기에 이상적이다.

전지가위 튼튼한 전지가위는 목질 줄기를 자를 때 꼭 필요하다. 내가 좋아하는 브랜드는 'ARS'로, 날을 크롬으로 도금해 녹을 방지하고 손잡이가 인체공학적으로 디자인되었다.

작은 금속 잎 갈퀴 만능 도구 중 하나다. 화단에 비료를 고르게 펴거나 뿌리를 덮을 때, 천을 덮은 화단 위의 쓰레기를 치울 때 쓴다.

바퀴 달린 제초기 2천 제곱미터가 넘는 땅을 경작하면서도 방초망을 치지 않은 경우, 통로와 줄 사이사이의 잡초를 처리할 때 이 도구가 이상적이다. 손으로 괭이질을 하는 것보다 두 배 빠르며 조금만 연습해도 매우 정밀한 작업이 가능하다.

손수레 짐을 싣는 공간이 1.8제곱미터인 손수레는 많은 양의 퇴비와 잡초를 실어 나르기에 최적이면서도, 감당 가능할 정도로 작다. 좋아하는 손수레 몇 개가 녹이 슬어서 버린 후 이제는 플라스틱 소재를 고른다.

플로리스트의 도구 상자

플라워 어레인지를 하기에 적절한 도구가 있어야 영감이 떠올랐을 때 곧바로 작업을 시작할 수 있다. 내 작업실에 항상 갖춰두는 도구들을 소개한다.

치킨 와이어 독성이 있는 플라워 폼의 훌륭한 대체품으로, 공처럼 뭉쳐 화병에 넣으면 무거운 줄기를 똑바로 세울 수 있는 견고한 뼈대를 제공한다.

직물용 가위 리본에 쓸 직물용 가위를 따로 정해두어, 예리한 날을 보호하는 것이 매우 중요하다. 이 가위로 종이나 와이어를 자르지 않도록 손잡이에 리본을 묶어둔다.

플로럴 퍼티 화병 바닥에 줄기 고정 도구를 부착할 때 쓴다. 초록색과 흰색이 있는데, 나는 내구성이 더 좋고 오래가는 것 같은 초록색을 선호한다.

플로럴 테이프 부드럽게 늘이면 접착력이 생기는 이 테이프는 부토니에와 코르사주, 화관에 쓰면 좋다. 다양한 색상이 있는데 밝은 초록색이 가장 쓰임새가 다양하다.

줄기 고정 도구 침봉형이나 새장형의 줄기 고정 도구는 공예용품점에서 구할 수 있지만, 나는 더 독특한 모양과 크기의 제품을 찾으려고 골동품점이나 벼룩시장을 샅샅이 뒤지기도 한다. 화병 바닥에 플로럴 퍼티로 고정하면 넘어질 걱정이 없어 얕은 화기에 무거운 목질 줄기를 쓸 수 있다.

꽃가위 원예 도구 설명에서 언급한 도구로, 부케를 작업할 때도 꼭 필요하다.

장갑 가벼운 니트릴 장갑은 내구성이 강하고 통기성이 좋으며 세탁이 쉬워 내가 매일 찾는 도구다. 가까이 두면 조개꽃과 장미처럼 가시가 있는 소재를 작업하거나 신경 쓰이는 레이스 플라워의 수액에서 손을 보호할 수 있어 매우 좋다.

패들 와이어 대다수 공예용품점에서 구할 수 있는 실패에 감긴 와이어로, 리스와 갈런드를 만들 때 이상적이다. 작은 조각으로 잘라서, 리스나 갈런드에 흥미로운 소재들을 섞은 작은 묶음을 고정할 수도 있다. (라벨에 플로럴 와이어라 쓰인) 잘라놓은 와이어도 구할 수 있다. 나는 패들 와이어와 미리 잘라놓은 플로럴 와이어 모두 22게이지 굵기를 선호한다.

종이로 감싼 와이어 초록색과 갈색 모두 구할 수 있는 편리한 와이어로 화관의 완벽한 틀이 되어주며, 갈런드를 난간이나 출입구에 고정할 때 쓴다.

전지가위 두꺼운 나뭇가지를 자르거나 여러 줄기를 한 번에 자를 때 매우 좋다. 나는 손잡이가 인체공학적으로 디자인되어 있고 날이 크롬으로 코팅된 'ARS' 브랜드를 선호한다.

장미 가시 제거 도구 작고 편리한 이 도구는 장미 등 가시로 뒤덮인 줄기에서 가시를 쉽고 빠르게 제거해준다.

고무 밴드 나는 정원에 나갈 때 항상 고무 밴드를 몇 개 가지고 나간다. 19번 사이즈가 꽃을 묶기에 가장 적당하다.

노끈 심플한 천연 황마 소재가 부케를 묶고 갈런드를 만들기에 좋다.

수관 이 작은 용기에는 꽃 한 송이가 하루 이틀 신선함을 유지할 정도의 물이 들어간다. 다양한 크기가 있으며, 이미 만들어둔 갈런드나 리스에 꽃을 추가할 때 꼭 필요하다.

방수 플로럴 테이프 이 견고한 테이프는 치킨 와이어를 화병 속에 고정하거나 부케를 감싸 추가로 지탱할 때 매우 좋다. 나는 0.6센티미터 너비의 테이프를 좋아한다.

와이어 리스 틀 대다수 공예용품점에서 다양한 크기로 구할 수 있는 이 틀은 리스를 만들 견고한 바탕을 제공한다.

S P R

ING

SPRING
새로운 가능성 깨닫기

사계절 중에서 봄은 말할 것도 없이 내가 가장 좋아하는 계절이다. 비가 잦은 우리 지역에 마침내 태양이 다시 비추고 곳곳에서 새 생명이 발견된다. 우리 농장의 아침은 새들의 노랫소리와 따스한 흙냄새로 가득하고 방금 벤 풀과 꽃을 피운 나무들의 향기가 해질 때까지 공기 중을 떠다닌다. 나는 엄청난 가능성을 품고 끊임없이 미소를 지으며 주변을 거니는 나 자신을 발견한다.

봄은 부산스럽게 활동을 시작하는 시기다. 따뜻한 온실에 수만 개의 씨앗을 뿌리고 수백 포기의 어린 식물을 땅에 옮겨 심는다. 첫 꽃이 피어 수확할 때가 오면 삶은 분주해진다. 나는 새벽부터 황혼이 질 때까지 잡초를 뽑고, 화단을 손질하고, 식물을 심고, 수확하고, 꽃을 묶으며 시간을 보낸다.

봄은 한 해 중 내가 일을 가장 많이 하는 시기로, 정원에서 오랜 시간 일하고 씨앗도 정말 많이 뿌린다. 나는 이 작은 씨앗이 나중에 공간, 관심과 보살핌, 수확이 필요한 커다란 식물로 자라난다는 사실을 거의 잊어버린다. 더 많은 모종을 기르고 싶은 유혹이 매우 크지만, 끊임없이 스스로를 자제하며 내가 세운 계획을 고수해야 한다.

씨앗 뿌리기

꽃을 기를 때 내가 늘 좋아하는 작업은 봄에 온실에서 싹을 틔우는 일로, 봄의 3개월 동안 정원의 75퍼센트를 작업한다. 작은 봉투를 뜯은 뒤 흙을 채운 화분에 작은 씨앗을 뿌리는 일은 아무리 반복해도 결코 질리지 않는다. 나는 춘분이 되자마자 제비고깔과 니겔라, 레이스 플라워처럼 추운 기온을 견딜 수 있고 꽃을 일찍 피우는 내한성 일년생 식물을 심고, 몇 주 뒤 같은 씨앗을 두 차례 더 뿌린다. 바질과 맨드라미, 매리골드, 백일홍처럼 더위를 좋아하는 식물들은 더 나중에 봄의 마지막 서리가 내리기 2~3주 전쯤 싹을 틔운다.

달리아 나누기

나는 봄의 마지막 서리가 내리기 덟 주 전에, 겨울 동안 지하실에 보관해둔 달리아 덩이줄기가 담긴 상자를 꺼내 손상된 것이 있는지 확인한다. 덩어리들을 하나씩 살펴서 썩거나 곰팡이가 피었거나 쪼글쪼글해진 것들을 버린 다음 나누기 시작한다(나누기에 관한 더 자세한 내용은 135쪽을 참조한다). 이른 봄에 덩이줄기를 나누고 화분에 심어, 따뜻한 온실에 두면 여정보다 일찍 자라게 할 수 있다. 그런 다음 봄의 마지막 서리가 내린 뒤 이미 잎이 나온 달리아를 정원에 옮겨 심으면 같은 시기에 직접 땅에 심은 달리아보다 6주 정도 빨리 꽃을 피운다.

토양 준비하기

봄의 가장 큰 작업 중 하나는 식물을 심을 땅을 준비하는 일이다. 이 과정에 시간을 조금 더 들여 제대로 해두면 남은 기간 내내 풍부한 꽃과 잎을 얻을 수 있다. '절화 정원의 기초'를 설명한 장에서 토양을 테스트하고 흙에 영양분을 주는 방법을 자세히 소개했다. 나는 보통 식물을 심기 한 달 전쯤, 이른 봄에 이 작업을 시작하는데, 작업을 완료하고 퇴비와 그 외의 추가 물질들이 토양에 자리 잡는 시간을 충분히 확보할 수 있기 때문이다.

모종 심기

따뜻한 봄날에는 비내한성 모종을 바깥에 심어도 안전할 것이라 착각할 수 있다. 하지만 봄의 마지막 서리가 내리는 날짜(확실하지 않다면 근처 묘목장에 문의해도 좋다)와 식물의 내한성에 세심하게 신경을 써야 하는데, 일부는 이 시기의 낮은 기온을 견디지 못해 우리를 놀라게 할 수도 있다. 세린데와 제비고깔, 니겔라, 레이스 플라워, 금어초 같은 내한성 일년생 식물들은 아직 밤이 쌀쌀해도 심을 수 있으며 가벼운 서리는 아무 탈 없이 견뎌낸다. 나는 보통 이 식물들을 마지막 서리가 내리는 날에서 한 달 전쯤부터 정원에 심기 시작하는데, 기온이 영하로 내려갈 조짐을 보이면 한파가 지날 때까지 서리를 막아줄 천을 한두 겹 덮어둔다.

맨드라미와 달리아, 매리골드, 백일홍처럼 여름과 가을에 꽃을 피우고 따뜻한 날씨를 좋아하는 식물들은 추위를 잘 견디지 못하며 기온이 지나치게 떨어지면 죽는다. 이런 유형의 꽃들은 서리의 위협이 완전히 사라지고 토양 온도가 10도까지 올라간 후 바깥에 심어야 한다. 우리 지역에서는 이 시기가 보통 마지막 서리가 내린 2~3주 뒤다. 모든 어린 식물이 건강하고 튼튼하게 자라려면 정원에 심은 뒤 첫 한 달 동안은 꾸준히 보살펴야 한다는 것을 잊지 말자. 심은 직후에 물을 충분히 주고 남은 재배 기간 동안 땅이 촉촉하되 질척이지 않을 만큼 물을 자주 공급해야 하는데, 나는 일주일에 한 번 준다.

잡초 제거하기

해가 길어지고 태양이 땅을 데우기 시작하면서 하룻밤 사이에 잡초가 한꺼번에 나타나곤 한다. 잡초 관리는 봄에 해야 할 중요한 작업 중 하나다. 식물이 건강하려면 재배하는 땅에 잡초가 가능한 한 없어야 한다. 잡초를 제거하기 가장 쉽고 적당한 때는 작은 풀들이 모습을 보이자마자다. 땅과 평행한 괭이의 얇은 날을 흙 표면에서 2.5센티미터 밑으로 지나게 하여 어린 잡초를 뿌리부터 잘라낸다. 잡초가 걷잡을 수 없이 자라는 것을 막으려면 이 작업을 일주일에 한 번씩 해주어야 한다. 손으로 뽑아도 되는데, 잡초가 아직 어릴 때 주기적으로 제거한다.

뿌리 덮기

잡초를 막고 흙의 수분을 유지하는 손쉬운 방법 중 하나는 식물 아랫부분을 덮어주는 것이다. 여러 가지 소재를 사용할 수 있으며 잡초가 나타나기 전에 덮어주는 것이 중요하다. 우리 농장에서는 걸어 다니는 샛길과 식물을 기르는 화단 모두에 방초망을 덮는데, 흙에 잡초 씨앗이 가득하기 때문이다. 우리 입장에서는 넓은 면적을 감당하는 가장 효과적인 방법이다(방초망 사용에 대한 자세한 내용은 28쪽을 참조한다).

나무와 관목처럼 크고 영구적인 식물은 나뭇조각이 훌륭한 덮개가 된다. 나는 시즌 초에 이 식물들의 아랫부분 주변에 판지를 한 겹 덮고 끝부분을 서로 포개 땅이 드러나지 않게 한 다음 물을 적셔 지면 형태대로 만들고, 그 위에 나뭇조각이나 대팻밥을 10~13센티미터 두께로 덮는다(썩을 가능성이 있으므로 식물의 몸통이나 아랫부분에 직접 닿지는 않게 하고, 식물의 성장을 억제하는 백향목은 사용하지 않는다). 매년 봄 새 나뭇조각을 깔면 일 년 내내 잡초를 막아준다!

달리아와 다년생 화초, 대다수의 일년생 화초처럼 작은 식물의 경우 숙성시킨 퇴비와 베어서 말린 풀, 오래된 잎, 지푸라기 모두 좋다. 건초는 잡초 씨앗이 많이 들어 있어 문제를 악화시킬 가능성이 높으므로 쓰지 말자.

지지대 세우기

봄에는 거의 흙뿐이던 정원이 초록빛 바다로, 그런 다음 무지개 빛깔의 꽃 천지로 순식간에 바뀐다. 거의 모든 식물이 빠르게 성장하므로 지지대를 일찌감치 세워주어야 한다.

줄기가 길고 곧게 뻗어 무성하던 식물이 봄의 폭우로 쓰러져 풍부한 꽃을 한꺼번에 잃는 상황을 겪지 않으려면, 다년생과 일년생 식물 모두에 그물을 치고 지지대를 세워주어야 한다. 대나무 줄기와 식물용 금속 창살, 용접한 철사 등 여러 방법이 있으며 지탱해줄 힘이 가장 많이 들어가는 식물에는 한 칸이 15센티미터 크기의 정사각형으로 되어 있는 플라스틱 그물을 친다. 뒤의 각 식물을 소개한 부분에서 어떤 방법이 가장 효과가 있는지 설명하겠다. 핵심은 식물이 어릴 때 지지대를 세워 구조물을 따라 식물이 자라게 함으로써, 식물이 이미 성숙한 뒤에 지지대를 세우느라 식물에 해가 가는 경우를 방지하는 것이다.

BIENNIALS

이년생 화초

이년생 화초는 첫 해에는 잎만 나오고, 두 번째 해에 꽃을 피우고 씨앗을 맺은 뒤 죽는 독특한 식물이다. 이 식물들이 소중한 이유는 가장 마지막에 꽃을 피우는 튤립과 가장 처음 꽃을 피우는 내한성 일년생 화초 사이의 큰 틈을 메워주기 때문이다. 또한 많이 수확할수록 더 많은 꽃을 피운다. 봄 정원의 진정한 일꾼이다.

기르는 방법

늦봄에 가장 마지막으로 싹을 틔워 여름이 끝날 무렵 정원에 모종을 심는다. 가을의 첫 서리가 내리기 전까지 자리를 잡을 시간이 적어도 6주 정도는 있어야 이상적이다. 일단 심고 나면 추운 날씨가 시작되기 전에 많은 잎을 생산하며 가을과 겨울에는 성장을 중단했다가 늦봄에 꽃을 피우기 위해 다시 깨어난다. 모든 품종의 씨앗과 모종을 기르기가 쉬우며 보통 영하 1도까지도 잘 견딘다.

선호하는 품종

초롱꽃 옛날 오두막 정원에서 많이 키우던 이 꽃을 지금도 모든 재배자들이 키우는 이유란 쉽게 알 수 있다. 홑꽃과 겹꽃 품종 모두 흰색과 분홍색, 라벤더색, 자주색의 풍선 모양 꽃이 가득 달린 커다란 줄기를 생산하는데, 꽃들은 독특하고 화병 속에서 오래 지속된다. 부피가 매우 크므로 봄의 폭우에도 곧게 자라도록 심을 때부터 지탱할 그물을 친다.
수명을 늘리는 요령 맨 위의 꽃봉오리에 색상이 돌고 막 꽃을 피우기 시작할 때 수확한다. 부케로 만들었더니 2주 동안 지속되었다는 경우도 들어보았다.

매발톱꽃 다년생 화초지만 이년생 화초처럼 매년 새로 심으면 봄에 훨씬 더 많이 수확할 수 있음을 알게 되었다. 오래된 식물은 1~2년 후 질병이 생기며 스스로 번식하는 어린 식물들의 수가 그리 많지는 않다. 선택할 수 있는 품종이 매우 다양하며 절화로서 거의 모두 훌륭하다. '바로우 시리즈'는 비옥한 토양에서 기르면 한 포기당 7~10개의 줄기를 생산하는 키가 크고 사랑스러운 겹꽃 품종이다. '타워'로 불리는 또 다른 경이로운 시리즈는 106센티미터의 거대한 줄기 끝에 속치마를 두집어놓은 모양의 크고 풍성한 겹꽃이 수십 송이씩 달린다. 꽃을 피우는 기간이 짧기 하지만, 정원에 심을 공간을 마련할 가치가 있는 아름다운 꽃이다.
수명을 늘리는 요령 화병 속에서 오래 지속되려면 (꽃잎이 떨어지기 전인) 발달 단계 초기에 수확한다.

폭스글로브 아름답고 우아한 이 꽃을 좋아할 이유는 정말 많다. 어린 시절 정원 곳곳에 폭스글로브가 있었는데, 배고픈 꿀벌이 반점이 있는 꽃 속에 자리 잡고 꽃가루를 모으는 모습을 바라보는 것이 좋았다. 선택할 수 있는 품종이 많지만 내가 좋아하는 품종은 '알바'와 '애프리콧 뷰티'다.
수명을 늘리는 요령 일단 수분이 되면 줄기에서 꽃이 떨어지므로, 화병에서의 수명을 최대한 늘리려면 아래쪽에 꽃이 몇 송이 피었을 때 일찍 수확해야 한다.

루나리아 주로 아름다운 씨 꼬투리 때문에 키우는 봄꽃으로, 그늘진 곳이나 토양이 좋지 않은 곳 등 이상적이지 않은 환경에서도 잘 자란다. (초봄에 꽃을 수확할 수 있지단 개화 기간이 매우 짧아 그다지 안정적인 작물은 아니다.) 나는 꼬투리가 초록색일 때 쓰는 것을 좋아하는데, 줄기에 달린 채로 약간 노화하면 자줏빛을 띤다. 멋진 초록색 꼬투리가 잔뜩 달린 기다란 줄기를 한 포기당 20~30개씩 생산한다. 말려서 나중에 가을 리스와 부케에 쓸 수도 있다. 말리려면 방금 자른 줄기를 따뜻하고 어두운 곳에 2~3주, 혹은 만져보아 딱딱해질 때까지 거구로 매달아둔다. 말린 후에는 꼬투리가 쉽게 떨어질 수 있으므로 살살 다루어야 한다.

루나리아

수염패랭이꽃

수명을 늘리는 요령 꼬투리가 신선하면 일주일 넘게 지속되며 특별한 조치는 필요 없다.

스위트로켓 Hesperis matronalis 오두막 정원에서 많이 키우는 꽃으로 흰색과 보라색, 혹은 여러 색상이 섞여 있으며 가끔은 연보랏빛이 도는 예쁜 분홍색 꽃도 볼 수 있다. 기르기 쉬우며 구근식물이 아닌 화초 중 가장 먼저 꽃을 피우는 식물이다. 향이 매우 강하며 부케에 추가하면 환상적이다. 많이 수확할수록 더 많은 꽃을 피운다. 꽃이 진 후에는 가늘고 매끈한 콩을 닮은 예쁜 꼬투리가 줄기에 가득 달린다. 나는 꼬투리를 부케에 섞는 것도 좋아한다. 튤립처럼 수확 후 물에 꽂으면 줄기가 약간 길어지므로 작품에 쓸 때는 원래 의도보다 조금 더 깊숙이 꽂는다.

수명을 늘리는 요령 일주일 이상 좋은 상태를 유지하며 특별히 보살필 것은 없다.

수염패랭이꽃 내가 기르는 모든 이년생 화초 중에서 봄에 생산성이 가장 뛰어난 견고한 식물이다. 그리 눈길을 끄는 면은 없지만 여러 꽃을 섞은 부케에 멋진 색감과 향을 더하고 화병에서의 수명이 매우 길다. 또한 기르기가 쉽고 추위에 강하며, 크게 돌보지 않아도 매우 건강하게 자란다. 나는 '톨 더블 믹스'와 잎이 어두운 품종인 '오르베르크'와 '수티'를 좋아한다.

수명을 늘리는 요령 윗부분에 꽃이 몇 송이만 피었을 때 수확한다. 이렇게 하면 정원에서 비 때문에 입는 피해를 막을 수 있으며 화병 속에서 2주 동안 지속된다.

폭스글로브

스위트로켓

매발톱꽃

초롱꽃

봄에 피는 꽃

DAFFODILS

수선화

예전에 나는 수선화가 한 종류뿐이라고 생각했다. 봄이면 어느 식료품점에서나 살 수 있는 커다랗고, 유난히 환하고, 값싼 그 수선화 말이다. 하지만 몇 년 전 7대째 이어져 내려오는 네덜란드의 한 화훼 재배 농장을 방문하면서 나는 그때까지 존재하는지도 몰랐던 수선화의 신세계를 접했고, 그 이후 수선화의 아름다움과 매력에 중독되고 말았다.

수선화는 대단히 매력적인 꽃으로 작은 것이나 향기로운 것, 주름이 진 것, 겹꽃이거나 여러 색상이 섞여 있는 것 등 종류가 다양하다. 강인하고, 기르기 쉬우며, 병충해에도 잘 시달리지 않는다. 번식하는 속도도 빨라 처음에 구근을 조금만 구입해도 몇 년만 지나면 꽃이 엄청나게 늘어난다. 하지만 이 사랑스러운 꽃을 기를 때의 가장 큰 이점은 정원의 다른 꽃들이 개화하기 훨씬 전인 이른 봄에 꽃을 피운다는 것이다.

기르는 방법

가장 품질이 뛰어난 품종을 구하려면 늦여름에 구근을 주문하여 가을에 도착하자마자 심는다. (27쪽에 자세히 설명한 대로) 흙에 퇴비를 주고 심을 구멍에 구근 비료를 약간 넣는 것 외에 별다른 조치는 필요 없다. 경험에 따르면 수선화 구근을 심을 때는 구근 길이의 두 배 깊이로 심고 너비만큼 간격을 띄우는 것이 좋다.

절화로 쓰기 위해 기르는 경우, 길고 곧게 줄을 지어 심는다. 모판에 키워도 되고 정원과 그 둘레에 흩뿌린 뒤 자라는 대로 수확해도 된다. 꽃이 지고 잎이 볼품없어지기 시작할 때 베고 싶은 욕구를 누르는 것이 중요하다. 잎이 누렇게 변하여 떨어질 때까지 기다린다. 이는 (다음 해를 위해 구근에 영양분을 저장하는) 광합성 과정이 끝났다는 신호로 이때는 완전히 베어내도 괜찮다.

수선화는 번식 속도가 빨라, 심고 나서 2~3년만 지나면 최소한 양이 두 배 이상 늘어난다. 구근을 캐서 나누기에 이상적인 시기는 초여름에 잎이 지고 누렇게 변하기 시작할 때다. 쇠스랑이나 삽을 구근 밑으로 넣어 덩어리를 캐낸 다음 조심스럽게 나누어 다시 심는다. 구근 나누기는 적어도 4년에 한 번 실시한다.

선호하는 품종

다음은 내 농장에 심은 22종의 수선화 중 내가 가장 좋아하는 품종들이다.

플라워 드리프트 홑꽃의 아름다운 품종으로, 생기 넘치는 아이보리와 주황색 꽃잎들이 한데 포개어져 잊을 수 없는 멋진 모습을 연출한다.

오랑제리 주름진 흰색과 노란색의 독특한 분할형 꽃잎이 특히 눈길을 끈다.

프티 푸르 내가 직접 눈으로 보고 길러본 수선화 중 프티 푸르의 아름다움과 우아함에 필적할 품종은 없다. 뾰족한 아이보리의 겉 꽃잎들이 두 겹의 부화관을 완벽하게 두르고, 그 안에 살구색을 띠는 분홍색과 버터크림색, 복숭아색의 주름진 꽃잎들이 아름답게 섞여 있다. 수선화를 한 종류만 기를 수 있다면 나는 분명 이 품종을 택할 것이다.

핑크 참 꽃잎은 아이보리에, 섬세한 중앙 부분은 복숭앗빛이 도는 굉장히 아름다운 품종이다. 우리가 기르는 분홍색 화초 중 가장 사랑스러운 꽃으로, 16세기 네덜란드 회화 작품에서 튀어나온 것 같다. 낭만적이고 고전적이며, 독특하고 아름답다.

프티 푸르

플라워 드리프트

핑크 참

윈스턴 처칠

타 히 티

옐로 채어풀니스

오랑제리

봄에 피는 꽃

윈스턴 처칠 두꺼운 줄기 끝에 향이 강한 흰색 꽃이 여러 송이 빽빽하게 달려 있다.

타히티 꽃 중앙에 노란색과 빨간색의 주름진 꽃잎이 번갈아 나 있다. 줄기가 길고 튼튼하며 꽃송이가 커서 절화로서 훌륭하다.

옐로 치어풀니스 정원에서 가장 마지막에 꽃을 피우는 품종으로, 이 작은 꽃은 반드시 길러봐야 한다. 매우 향기로우며 화병에 꽂으면 일주일까지 지속된다.

수명을 늘리는 요령

일반적으로 모든 수선화 품종은 꽃을 활짝 피우기 전에 수확하면 화병에서 거의 일주일 가까이 지속된다. 줄기를 자르면 끈적이는 수액이 새어나오는데, 이 수액에는 다른 꽃들에 유독한 성분이 있어서 꽃들의 수명을 크게 단축시킨다는 점을 명심하자. 같이 어레인지하는 다른 꽃들에 영향을 끼치지 않으려면 수선화를 먼저 '컨디셔닝'해야 한다. 방금 자른 수선화 줄기를 다른 꽃과 섞지 말고 시원한 물에 2~3시간 꽂아두면 줄기 끝이 딱딱하게 굳어 유독한 수액이 흘러나오지 않는다. 어레인지할 때는 수액이 다시 새어나올 수 있으니 줄기를 다시 자르지 않는다. 물론 수선화만 가지고 어레인지할 수도 있으며 이때는 수액이 문제될 일이 없다.

봄에 피는 꽃

DELICATE-FLOWERED BULBS

우아한 꽃을 피우는 구근식물

봄이 오면 처음 몇 달은 나무와 관목에서 새순이 싹트긴 하지만 아직 많은 꽃들이 피지 않은 상태이다. 이 시기가 바로 구근식물들이 활약하는 때이다. 매우 인상적인 식물군인 구근식물은 봄 정원의 바탕이 된다. 화려한 꽃과 선명한 색상, 부드러운 향기, 정교한 디테일은 도저히 거부할 수 없다.

튤립이나 수선화처럼 잘 알려진 품종들도 생산성이 높지만 앞으로 소개할 덜 알려진 보물들도 이른 봄에 풍성한 연출을 가능하게 해준다. 꽃을 피우는 다양한 구근식물로 정원을 가득 채우면 몇 개월 동안 재료가 될 꽃을 풍부하게 얻을 수 있다.

기르는 방법

구근식물은 크게 신경을 쓰거나 보살필 필요가 없어 초보 원예가들에게 안성맞춤이다. 햇빛이 잘 드는 비옥한 토양에 제때 심기만 하면 다가오는 봄에 큰 수확을 얻을 수 있을 것이다.

대다수 구근식물은 겨울의 냉기가 있어야 제대로 꽃을 피우므로 가을에 심어야 한다. 겨울이 포근한 지역이라면 예냉한 구근을 구입한다.

심기 전에 '시작하기(27쪽)'에서 설명한 방법에 따라 토양을 준비한다. 경험상 구근 길이의 두 배 깊이로 파고 구근 너비만큼 간격을 두어 한 줄로 심는 것이 좋다. 구근을 땅에 심으면 겨울 내내 뿌리를 형성한다. 이른 봄이 되면 땅을 뚫고 올라와 눈부시게 아름다운 꽃을 선보일 것이다.

선호하는 품종

아네모네 구근 하나당 꽃을 한두 송이만 피우는 다른 품종들과 달리 아네모네는 몇 개월 동안 꽃을 풍부하게 피우는데 보통 봄이 지나는 동안 20~25송이의 꽃을 피운다. 시든 화초는 새 꽃이 피어나도록 아랫부분까지 벤다. 다른 구근식물보다 추위에 약하므로 겨울에 추가로 보호해주어야 한다. 나는 가을에 구근을 낮은 터널 안에 심은 다음 (영하 4도 이하의) 극도로 추운 날씨가 닥치면 식물 위에 직접 서리 방지 천을 한 겹 덮어 추가적인 단열을 해준다. (구근과 유사한) 알줄기는 작은 갈색 도토리처럼 생겼다. 가을에 알줄기를 구하여 심기 전에 24시간 동안 물에 담가둔다. 그런 다음 뾰족한 끝을 아래로 향하게 하여 5센티미터 깊이로 흙에 찔러넣는다. 몇 주가 지나면 초록색 순이 흙을 밀고 나와 겨울 내내 무성한 초록 잎이 지속되다 이른 봄에 꽃봉오리가 올라올 것이다.

수명을 늘리는 요령 매우 오래 지속되는 꽃으로 개화하자마자 수확하면 화병에서 열흘 정도는 쉽게 지속된다. 물에 꽃 수명 연장제를 추가하면 색상이 선명하게 유지될 것이다.

프리틸라리아 독특한 종 모양 꽃으로 활짝 피면 숨이 멎을 듯 아름답다. 내 정원에 상대적으로 늦게 추가된 구근식물이지만 좋아하는 꽃 목록에서 빠르게 상위로 오르고 있다. 수많은 품종을 길러봤지만 높이 솟은 '프리틸라리아 페르시카'의 검은 자두 빛깔 꽃은 정말이지 경이롭다. 1미터 길이의 줄기마다 거꾸로 뒤집힌 종 모양의 검은 자주색 꽃들이 수십 송이씩 달린다.

수명을 늘리는 요령 꽃들이 2분의 1에서 4분의 3 정도 피었을 때 수확하여 꽃 수명 연장제를 섞은 물에 꽂는다. 화병에서 일주일 정도 지속된다.

프리틸라리아

무스카리

은방울수선

아네모네

히아신스

무스카리 사랑스러운 이 작은 꽃들은 부케로 만들었을 때 가장 화려한 것 같다. 수확할 때 줄기 아랫부분을 위로 재빨리 당기면 쉽게 쑥 올라와 긴 줄기를 얻을 수 있다. 내가 좋아하는 두 가지 품종은 '오션 매직'과 '발레리 피니스'다.
수명을 늘리는 요령 꽃들이 3분의 1 정도 피었을 때 수확하여 꽃 수명 연장제를 섞은 물에 꽂으면 화병에서의 수명이 일주일 정도 유지된다.

히아신스 내가 길러본 봄꽃 중 가장 향기로운 화초로 연한 노란색과 살구색, 하늘색, 진한 자주색, 라벤더색, 흰색, 자홍색 등 색상이 다양하다. 단독으로 혹은 다른 꽃들과 함께 어레인지하면 아름답다.
수명을 늘리는 요령 꽃들이 3분의 1에서 절반 정도만 피었을 때 수확하면 화병에서 7~10일간 지속된다.

은방울수선 요정이 존재한다면 이 꽃이 분명 요정들의 모자가 되었을 것이다. 30~45센티미터 길이의 줄기마다 섬세한 흰색 종 모양의 꽃이 달리는데, 꽃잎 끝에 작은 초록색 점이 있다.
수명을 늘리는 요령 꽃들의 3분의 2 정도가 피었을 때 수확하여 수명 연장제를 섞은 물에 꽂으면 화병에서 7~10일 정도 지속된다. 투명한 수액이 새어나오므로 다른 꽃과 섞기 전에 몇 시간 동안 시원한 물에 담가 컨디셔닝을 한다.

FLOWERING BRANCHES

꽃을 피우는 나뭇가지

매년 봄 나무들이 화려한 모습을 뽐내기 시작하면 나는 가능한 한 많은 나무 밑에 멈추어 선다. 나에게는 꽃이 활짝 핀 무성한 나무 아래 서 있는 것만큼 마법 같은 순간이 없다. 꽃을 피우는 관목 역시 가득 핀 꽃들의 무게에 줄기가 아치 모양으로 휘어져 내 마음을 사로잡는다. 꽃으로 가득한 나뭇가지를 바라보며 아름다움에 흠뻑 젖는 것은 봄이 주는 가장 관대한 선물 중 하나다.

우리가 이 작은 농장으로 이사 왔을 때는 크고 무성한 나무와 관목 몇 그루가 이미 심겨져 있어서 이른 봄에 만드는 모든 부케에 바탕이 되었다. 시간이 지나며 나는 매년 새 나무를 적어도 한두 줄씩은 반드시 추가했다. 모든 나무가 성숙하기까지 어느 정도 시간이 걸렸지만 이제는 수확이 가능한 나무와 관목이 몇백 그루는 된다. 한 해의 초반에는 꽃을 얻고 여름부터 가을까지는 나뭇잎과 열매 달린 줄기를 얻는다는 두 가지 목적이 있어서, 수확은 기대 이상이다. 그러므로 공간이 있다면 꽃을 피우는 나무와 관목을 필요하다 싶은 양보다 더 많이 심기를 권한다.

기르는 방법

여기에서 소개하는 낙엽수와 관목은 기르기가 쉬우며 대부분의 기후에서 잘 자란다. 햇빛이 충분히 들고 배수가 잘 되는 곳을 골라야 하며 자라면서 뻗어나갈 수 있도록 공간을 넉넉히 둔다. 나는 나무를 지나치게 촘촘히 심는 실수를 저지른 적이 있는데, 시간이 지나면서 서로 설 자리가 없어져 옮겨 심어야만 했다. 나무와 관목을 심기에 가장 좋은 시기는 화분에 심긴 식물로 시작할 경우 가을, 뿌리 상태로 시작할 경우 겨울이다.

선호하는 품종

봄에 꽃을 피우는 낙엽수와 관목에 대해 공부하기 시작하면 선택 가능한 품종이 얼마나 많은지 알게 될 것이다. 나는 수년 동안 모든 종류를 조금씩 길러봤는데, 재배하기가 가장 쉽고 풍부하게 생산하는 품종은 아래와 같다.

털설구화 Viburnum plicatum tomentosum 내가 정말 좋아하는 관목 중 하나다. 봄에 화려한 꽃을 피우며, 꽃이 진 후에는 부케의 훌륭한 바탕이 되는 멋진 구조의 초록색 나뭇가지를 풍부하게 얻을 수 있다. 키가 매우 커져서 2.4~3미터에 이르는 경우가 많으므로 제대로 뻗어나갈 수 있는 공간에 심는다.

벚꽃나무 성숙한 벚꽃에 견줄 만한 대상은 아무것도 없다. 꽃을 가득 매단 채 뻗어나간 나뭇가지가 산들바람에 흔들린다. 벚꽃은 정말 아름다운 꽃을 피우는 나무 중 하나다. 선택 가능한 품종이 매우 많지만 나는 가장 늦게 분홍색 겹꽃을 피우는 '칸잔'을 좋아한다.

야생능금 나는 몇 년 전 야생능금나무의 매력을 발견한 뒤 내 작은 농장에 열 그루 넘게 심었다. 길러서 작품에 써본 모든 종류 중 프랑스 품종인 '에베레스트'가 항상 인기를 독차지한다. 통통한 분홍색 꽃봉오리가 감귤향이 살짝 감도는 미색 겹꽃으로 변신한다. 아름다운 봄꽃임은 물론 질병에 강하며, 한여름부터 늦가을까지 부케에 잘 어울리는 구슬 크기의 미니 사과를 풍부하게 생산한다.

봄에 피는 꽃

벚 꽃

산사나무 매년 봄 몇 주에 걸쳐 멋진 꽃을 피우고, 가을이면 작은 진홍색 열매가 울퉁불퉁한 가지를 뒤덮을 만큼 잔뜩 열린다. 품종에 따라 분홍색이나 흰색, 빨간색 꽃이 핀다. 줄기에 위험한 가시가 있으니 조심히 다뤄야 한다. 꽃봉오리 상태거나 막 피었을 때 나뭇가지를 수확한다.

불두화 Viburnum opulus 높이 솟은 나뭇가지에 잔뜩 매달린 솜털 같은 둥근 미색 꽃이 진짜 눈뭉치처럼 보인다. 왕성하게 자라며 따로 보살필 필요는 없고, 꽃을 풍부하게 피우는 진정한 승자다.

수명을 늘리는 요령

꽃이 나뭇가지에 달려 있으므로 화병에서 오래 지속되려면 약간의 추가적인 노력이 필요하다. 이 요령대로 하면 수확한 줄기가 물속에서 일주일까지 지속될 것이다. 아침이나 저녁에 시원할 때 수확하여 즉시 줄기 아래쪽의 잎을 3분의 1 정도 제거한다. 가위로 목질 줄기 끝을 수직으로 몇 센티미터 가른 뒤 곧바로 시원하고 깨끗한 물이 담긴 양동이에 꽂는다. 어레인지하기 전에 몇 시간 동안 휴식을 취하게 한다. 물에 꽃 수명 연장제를 섞으면 자른 가지의 수명을 연장하는 데 도움이 될 것이다.

산사나무

털설구화

야생능금

불두화

봄에 피는 꽃

HARDY ANNUALS

내한성 일년생 화초

내한성 일년생 화초는 늦봄과 초여름에 가장 열심히 일하고 꽃을 많이 생산하는 식물이다. 추운 기온을 견뎌내고, 최소한으로 돌보아도 잘 자라며, 한 번 심으면 한 달 넘게 꽃을 풍부하게 피워내는 능력 덕분에 절화 정원에 없어서는 안 될 화초이다.

기르는 방법

추운 지역에서는 초봄에 실내나 온실에서 싹을 틔운다. 모종에 본잎이 세 쌍 나오면 날씨가 아직 서늘해도 바깥에 옮겨 심는데, 보통 이때는 마지막 서리가 내리기 한 달 전쯤이다. 매우 강인하여 어느 정도 냉기를 견딜 수 있으므로 서리가 내리는 기간 동안 보호에 지나치게 신경 쓸 필요가 없다. 기후가 온화한 지역에서는 초봄에 더 일찍 꽃을 피우도록 가을에 정원에 심는다.

이 식물들은 모두 생산성이 좋으며 많이 수확할수록 꽃을 더 많이 피운다. 하지만 수확 기간을 늘리려면 종류마다 적어도 몇 차례는 '연속으로 심기(24쪽 참조)'를 강력히 권한다. 나는 보통 가을에 많은 양의 씨앗을 뿌린 다음 초봄에 한 번 더 심고, 그 이후 몇 주 간격으로 씨를 두 차례 더 뿌린다. 이렇게 하면 석 달 가까이 공간을 채워줄 소재와 잎을 풍부하게 얻을 수 있다. 각기 기후가 다르므로 실험을 통해 어떤 내한성 일년생 화초가 자신에게 가장 적합한지 알아내야겠지만, 이 식물들을 좋아하게 될 것임은 분명하다.

선호하는 품종

조개꽃 기르기 가장 좋은 일년생 식물이다. 싹을 틔우는 데 시간이 오래 걸려 약간 까다롭지만 뿌리기 전에 씨앗을 7~10일 동안 예냉하면 도움이 된다. 일단 싹이 나면 매우 빨리 자라므로 46센티미터 간격을 두어 심는다. 지지대가 없을 경우 큰 폭풍우 한 번이면 몇 분 만에 전체가 쓰러지므로 그물(36쪽 참조)을 쳐서 지탱하는 것이 필수적이다.

수명을 늘리는 요령 줄기를 따라 초록색 종 모양이 형성되기 시작하면 수확한다. 화병에서 2주까지 길게 지속될 것이다.

레이스 플라워 Ammi majus 씨앗에서부터 기를 수 있는 매우 유용하고 생산성 높은 식물로 공간을 채우는 소재로 활용한다. 나는 매년 수백 포기를 심어 전부 사용한다. 레이스 모양의 꽃 머리 부분 그리고 산뜻한 초록색과 흰색 덕에 늦봄이나 초여름 부케의 멋진 바탕이 되어준다. 점점 커지므로 46센티미터 간격을 두어야 하며, 일찌감치 지지대를 세워 봄에 비가 많이 와도 쓰러지지 않게 한다. 부피가 큰 식물이므로 지지대로는 견고한 기둥에 그물을 고정하는 방법을 추천한다.

수명을 늘리는 요령 수액이 거슬릴 수 있으므로 수확할 때 장갑과 긴팔 옷을 착용할 것을 권한다. 줄기에 꽃들이 80퍼센트 정도 피었을 때 수확한다. 너무 일찍 수확하면 줄기가 시드는 경향이 있다. 싱싱한 꽃은 수명 연장제의 도움을 받으면 화병에서 6~8일 동안 지속될 것이다.

봄에 피는 꽃

제비고깔　　　　　　레이스 플라워　　　　　　허니워트

허니워트 Cerinthe major 색상이 매우 독특한 꽃 중 하나로 활짝 피었을 때 은색과 파란색, 자주색, 초록색을 동시에 볼 수 있다. 기르기가 쉬우며 몇 주에 걸쳐 엄청나게 많은 꽃을 생산한다. 수확 기간을 늘리려면 초봄부터 초여름까지 3주마다 새로 씨앗을 뿌린다.
수명을 늘리는 요령 시원한 시간에 수확한 다음 곧바로 줄기 끝 5~7센티미터 정도를 끓는 물에 7~10초 동안 담갔다가 꽃 수명 연장제를 섞은 시원한 물에 꽂는다. 수확 즉시 줄기가 늘어지는 경향이 있지만 수분을 공급하면 다시 꼿꼿해지고 화병에서 7~10일간 길게 지속될 것이다.

제비고깔 기르기가 쉽고 꽃의 색상이 다채로우며 말려서 나중에 쓸 수도 있다. 제비고깔은 (실내의 파종판에서 싹을 틔우는 것보다) 정원에 직접 씨앗을 뿌리는 편이 더 낫다. 추위를 잘 견디므로 기온이 낮은 지역에서도 가을에 심을 수 있다. 지속적으로 수확하려면 가을에 씨앗을 뿌린 다음 토양이 기능하게 되자마자 봄의 마지막 서리가 내리는 날짜까지 3~4주에 한 번씩 씨앗을 다시 뿌린다. 발아가 까다로울 수 있지만 심기 전에 씨앗을 일주일 동안 예냉하면 쉽게 싹을 틔울 수 있다.
수명을 늘리는 요령 화병에서의 수명을 늘리려면 줄기의 꽃들이 3분의 1 정도 개화했을 때 수확한다. 꽃 수명 연장제를 쓰면 일주일 동안 지속 가능하다. 말릴 경우 맨 위의 서너 송이를 제외하고 꽃이 전부 필 때까지 기다렸다가 수확한 다음 빛이 많이 들지 않는 따뜻하고 건조한 곳에 2주 동안 거꾸로 매달아둔다.

니겔라 Nigella 매우 연약해 보이지만 실제로는 일찍 꽃을 피우고 추위를 가장 잘 견디는 식물에 속한다. 파란색과 진자주색, 흰색의 레이스 달린 별 모양을 한 독특한 꽃을 피우는 것은 물론 시든 후에는 초록색과 초콜릿색으로 줄무늬가 있는 축구공 모양의 꼬투리를 생산하는 정원의 진정한 일꾼이다. 옮겨 심는 것을 싫어하므로 정원에 직접 씨앗을 뿌린다.
수명을 늘리는 요령 꽃이 활짝 피었지만 꽃잎들이 중앙에서 분리되지 않았을 때 수확한다. 그렇지 않으면 시들어버릴 것이다. 수명은 보통 물에 수명 연장제를 추가한 경우 일주일 정도다. 꼬투리는 싱싱한 상태로 혹은 말려서 부케에 쓸 수 있으며 말린 꼬투리는 거의 영구 지속된다. 말리려면 꽃잎이 모두 떨어진 뒤 수확하여 따뜻하고 어두운 곳에 2~3주, 혹은 만져보아 딱딱해질 때까지 거꾸로 매달아둔다. 말린 후에는 꼬투리가 쉽게 분리될 수 있으므로 살살 다루어야 한다.

갯능쟁이 Atriplex 나는 몇 년 전 친구의 채소밭에서 이 환상적인 식물을 발견하고 엄청난 팬이 되었다. 시즌 초기에 잎이 무성한 줄기를 일제히 수확하여 부케의 바탕이 될 잎으로 쓸 수 있다. 계속 자라도록 내버려두면 씨앗으로 뒤덮인 독특한 질감의 줄기를 한여름까지 수확할 수 있는데, 이 역시 부케에 쓰면 멋지다.
수명을 늘리는 요령 잎을 활용하려고 자른 싱싱한 줄기는 수확 직후 잘라낸 끝부분을 끓는 물에 10~15초 동안 담그면 매우 오래 지속된다. 씨앗을 맺은 줄기는 수확 후 별다른 조치를 취하지 않아도 된다. 둘 다 화병에서 2주까지 지속된다.

ICELAND POPPIES

아이슬란드 양귀비

아편용 양귀비와 혼동해선 안 되는 아이슬란드 양귀비Papaver nudicale는 내가 길러본 것 중 가장 아름다운 꽃이다. 티슈페이퍼 질감의 꽃과 멋진 색상의 꽃잎 덕분에 여러 꽃을 섞어놓은 어레인지먼트에 추가하면 매혹적이다. 초봄부터 한여름까지 꽃을 풍부하게 피우는 습성과 감귤 향까지 더해져 정원에서 매우 소중한 식물이다.

엄밀히 따지면 내한성 다년생 식물로 추운 겨울에도 살아남을 수 있지만 높은 열을 잘 견디지 못하므로 보통 일년생이나 이년생 화초처럼 기른다.

기르는 방법

나는 가을에 첫 서리가 내리기 한 달 전쯤 모종을 대량으로 땅에 심은 뒤 다음 해 봄에 한 차례 더 심는다. 이렇게 하면 초봄부터 늦여름까지 계속해서 수확할 수 있다.

이 꽃을 씨앗에서부터 기르려면 싹을 틔우는 데 시간이 오래 걸릴 수 있으므로 특별히 보살펴야 한다. 나는 늦겨울에 흙을 채운 작은 파종판에 씨앗을 한 칸당 몇 개씩만 뿌린 다음 싹을 틔울 때까지 주의 깊게 관찰한다.

아이슬란드 양귀비는 씨앗이 매우 좋아 씨라기보다는 티끌처럼 보인다. 실제로 정말 크기가 작으므로 씨앗을 뿌린 뒤에는 매우 고운 질석이나 모래만 살짝 뿌려주어야 한다. 처음 몇 주 동안은 (꽉 짜낸 스펀지 정도의 수분을 유지하도록) 아래쪽에서 물을 공급한다. 1센티미터가량 높이의 물에 파종판을 담가 밑에서부터 수분을 흡수하게 하여, 위에서 세게 뿌린 물에 어린 순들이 뜻하지 않게 씻겨 내려가는 일을 막는다. 잎이 발달한 뒤에는 흙이 마르지 않도록 이틀마다 물뿌리개로 물을 살살 뿌린다. 파종판은 새싹이 돋아나 본잎이 적어도 두 쌍 이상 나올 때까지 21도의 열 매트 위에 올려놓는다(31쪽 '싹 틔우기의 기초'를 참조). 그런 다음 열 매트를 치우고 키가 최소한 2.5센티미터가 될 때까지 따뜻하고 밝은 곳에서 두 달 동안 더 기른 다음 정원으로 내보낸다.

민달팽이와 달팽이는 양귀비를 좋아한다. 여러분의 지역에서 이 생물들이 문제가 된다면 양귀비를 바깥에 심은 즉시 민달팽이 퇴치제를 쓰고 재배 기간 내내 필요한 만큼 보충한다(나는 '슬러고Sluggo'라는 제품을 좋아하는데 반려동물과 어린이 그리고 여러분에게 안전하다). 꽃을 주기적으로 관찰하며 피해가 없는지 살핀다.

새롭게 옮겨 심은 양귀비는 바깥에 나온 지 6주 만에 꽃을 피우기 시작하므로, 빨리 심을수록 꽃을 더 빨리 수확할 수 있다. 일단 꽃이 피기 시작하면 종일 수확에 매달려야 할지도 모른다. 나는 알맞은 때에 수확하기 위해 매일 꽃밭을 구석구석 살핀다. 수확하기에 가장 좋은 시기는 꽃봉오리가 막 열리기 시작했을 때다. 일단 꽃이 활짝 피면 날씨와 거친 손길에 손상되기가 훨씬 더 쉽다.

위쪽: 콜로브리, 옆 페이지 오른쪽 위: 샴페인 버블

선호하는 품종

나는 몇 년 동안 수십 종류의 아이슬란드 양귀비를 길러봤는데, 지금까지는 '샴페인 버블 시리즈'가 가장 훌륭했다. 이 시리즈는 흰색, 주황색, 분홍색, 노란색, 진홍색의 다섯 가지 색상이 있으며 색이 섞여 있는 종류도 있다. 나는 꽃송이가 크고 여러 색상이 섞인 '콜로브리' 라인도 좋아한다. 종자를 준비시키는 프라이밍 처리가 되어 있어, 다른 품종들보다 싹을 훨씬 쉽게 틔운다. 줄기가 두껍고 튼튼하며 색상은 발랄하고 선명하다.

수명을 늘리는 요령

수명을 최대로 늘리려면 불이나 끓는 물을 이용하여 줄기 끝을 7~10초 동안 그슬린다. 수확하자마자 이 과정을 거친 뒤 줄기를 깨끗한 물에 담근다. 이렇게 하면 꽃이 피어 있는 기간을 일주일 정도 기대할 수 있다.

LILACS

라일락

라일락은 우리 가족에게 추억의 꽃이다. 엄마와 테리 이모는 매년 봄 외할아버지의 픽업트럭을 운전할 기회가 있을 때마다 라일락 서리를 하고 다녔던 이야기를 우리에게 들려주곤 했다. 엄마와 이모가 어렸을 때 시골 마을에서는 라일락이 온 들판과 묘지, 교회 정원에서 자랐다. 날이 어두워지면 두 자매는 각각 운전석과 트럭 뒤 짐칸에 올라타고 동네 골목을 천천히 누비며 전지가위로 꽃을 몰래 꺾었다. 마지막엔 트럭 짐칸 전체가 훔친 꽃으로 가득했을 것이다. 화가 난 개와 놀란 이웃들 그리고 밤중에 몰래 외할머니 집을 꽃으로 가득 채운 이야기를 하는 두 사람의 킬킬거리는 목소리가 지금도 들리는 것 같다. 이야기는 항상 "훔친 라일락 향기는 언제나 최고야!"라고 진지하게 속삭이는 낮은 목소리로 마무리되곤 했다.

라일락은 매년 봄 꽃을 몇 주밖에 피우지 않지만, 솜털처럼 보송보송한 꽃은 오랫동안 사랑받아왔다. 기르기 쉽고 가뭄을 잘 이기며 선택한 품종에 따라 영하 4도까지 견뎌낸다. 하지만 겨울이 온화한 지역에서 잘 자라지 않는 경우도 있으므로 이런 지역에서는 냉기에 약한 품종(꽃을 피울 때 온도가 낮은 기간이 필요 없는 식물)을 선택해야 한다. 일부 지역에서는 라일락이 오래된 집 주변과 묘지, 고속도로 길가, 뒤뜰에서 자유롭게 자란다.

기르는 방법

라일락은 가을에 심는데, 심은 뒤 뿌리 덮개를 두껍게 한 겹 덮어 잡초를 억제하고 날씨가 건조할 때도 토양의 수분을 유지한다. 자리를 잡는 데 오래 걸려 보통 꽃을 피우기까지 3~4년이 걸린다. 하지만 일단 만족스러운 관목으로 자라면 수십 년간 살면서 봄마다 진한 향을 풍기는 꽃을 한 아름씩 안겨줄 것이므로 분명 기다릴 만한 가치가 있다.

라일락은 매우 잠깐 꽃을 피우는 작물이므로 기회가 있을 때 가능한 한 많이 수확한다. 다른 관목들과 달리 여름에 다음 해의 꽃눈을 만들기 때문에, 다음 해의 꽃 생산에 영향을 미치지 않으려면 꽃을 피운 직후 가지치기나 성형을 해야 한다. 다음 시즌에 더 길고 곧은 줄기가 올라오도록, 수확할 때 기다란 줄기들을 자른다(즉 더 많은 부분을 잘라낸다).

선호하는 품종

라일락은 여러 품종이 있지만 (일반적인 라일락으로 알려진) 프랑스 품종이 색상도 다양하고 향기로우며 홑꽃과 겹꽃이 모두 있다. 때늦은 한파를 잘 견디므로 추운 기후에 이상적이다.

데클러레이션 생산성 높은 관목으로 매년 봄 크고 향기로운 자주색 꽃무리가 가득 달린다.

캐서린 해브메이어 아름다운 분홍색 겹꽃 품종으로 화병에 꽂아두면 모양과 향기 둘 다 훌륭하다.

크라사비트사 모스크비 연한 장밋빛 꽃봉오리에서 새하얀 겹꽃이 피어난다.

마담 플로렌트 스텝맨 네덜란드에서 매우 인기가 높은 흰색 홑꽃 품종으로 향기가 은은하다.

미셸 뷔히너 푸른빛을 띠는 라벤더색의 겹꽃 라일락 품종으로 질병에 강하다.

양키 두들 진한 자주색 품종으로, 홑꽃의 커다란 원추형 꽃대가 가득 달린다.

봄에 피는 꽃

수명을 늘리는 요령

수확한 라일락은 수분을 잘 흡수하지 못하는 것으로 악명이 높은데, 나는 꽃이 시드는 것을 막고자 몇 년간 책에 소개된 요령을 전부 시도해봤다. 아래는 가장 효과적인 것으로 증명된 방법들로 긴 수명을 보장해줄 것이다.

- 시원한 아침이나 저녁에 꽃을 수확한다. 시작하기 전에 양동이 몇 개에 깨끗하고 시원한 물을 4분의 3가량 채운다.

- 라일락은 수확 후에 꽃을 피우는 일이 거의 없으므로, 꽃무리 아래쪽의 절반에서 4분의 3가량이 개화한 줄기를 고른다. 활짝 핀 상태라면 화병에서의 수명이 며칠 줄어든다는 점에 주의하자.

- 수확하자마자 꽃을 시원한 곳으로 옮긴다. 식물이 잎의 수분을 유지하느라 애쓰지 않도록 잎의 전부 혹은 상당수를 제거한다.

- 큰 전지가위로 줄기 끝을 자른 뒤 수직으로 5~8센티미터 정도 가른다. 그런 다음 나뉜 줄기를 집어 뒤쪽으로 구부린다. 곧바로 시원한 물에 담근다.

- 수분을 다시 흡수할 수 있도록 꽃을 시원하고 빛이 은은하게 드는 공간에 2시간 정도 둔다. 수분을 충분히 머금으면 어레인지먼트에 쓸 수 있다.

데클러레이션

마담 플로렌트 스텝맨

미셸 뷔히너

크라사비트사 모스크비

캐서린 해브메이어

양키 두들

PEONIES

작약

봄의 여왕인 작약에 견줄 수 있는 꽃은 거의 없다. 큰 꽃 머리에 주름진 통통한 꽃송이가 분홍색과 산호색, 크랜베리색, 흰색, 노란색, 빨간색 등 현란한 빛깔을 자랑한다. 많은 경우 달콤한 향기가 나고, 대부분 화병에서 오래 지속된다. 결혼식과 특별한 행사에 가장 많은 요청이 들어오는 꽃이라는 사실이 놀랍지 않다.

작약은 인기가 높고 화병에 꽂았을 때 멋질 뿐 아니라 기르기도 매우 쉽다. 초본과 목본(모란)의 두 종류로 나뉜다. 정원에서는 초본 작약을 가장 널리 기른다. 그하기가 쉽고 거의 모든 기후에서 잘 자라며 제대로 보살피면 1백 년 넘게 살 수 있다. 이른 봄에 잎이 나며 꽃은 새로 자라난 부분에서 피어난다. 늦가을에는 잎이 완전히 죽는다. 새로 심은 작약을 수확하기까지는 2~3년 정도 기다리는 편이 좋다. 그렇지 않으면 이후의 성장에 영향을 미칠 수 있다. 초기에 꽃을 수확하고 싶은 욕구에 저항하기란 쉽지 않겠지만, 완전히 성숙하고 나면 몇 년 동안 보답을 받을 것이다.

기르는 방법

작약은 일단 자리를 잡고 나면 몇 년 동안 꽃을 풍부하게 피운다. 화분에 심긴 상태로 구입하여 봄에 심을 수도 있지만, 겨울에 땅에서 파내 성장을 중단시킨 채로 운송한 뿌리 상태의 식물에서 최상의 결과를 얻을 수 있다. 이 뿌리들은 겨울의 추위가 오기 전에 자리를 잡을 수 있도록 즉시 심어야 한다.

작약은 햇빛을 매우 좋아하므로 적어도 하루 6시간은 밝은 빛을 쬐어야 한다. 어떤 유형의 토양이든 대부분 괜찮지만 물이 고이면 문제가 될 수 있으므로 배수가 잘 되는 곳을 찾는다.

구멍을 뿌리 너비보다 2~3배 넓게 판 뒤 잘 썩은 거름이나 퇴비, 골분처럼 인산염이 풍부한 비료를 넣어 토양을 수정한다. 심는 깊이에 특별히 신경을 써야 하는데, 너무 깊이 심으면 꽃이 제대로 피지 않으므로 뿌리가 흙 표면 바로 밑에 오도록 자리를 잡아준다. 시간이 지나면서 크게 성장하므로 적어도 1미터 간격을 두고 심는다.

봄에 잎이 나기 전에 골분을 흩뿌리고 퇴비를 5센티미터 두께로 가볍게 덮는다. 이렇게 하면 다가올 시즌에 새로 자라나올 부분에 영양이 공급될 것이다.

겹꽃 품종은 추가로 지지대를 대어 거대한 꽃의 무게를 지탱해주어야 한다. 봄에 폭우가 내리면 몇 분 만에 꽃들이 전부 쓰러질 수 있으므로 일찌감치 지지대를 세워준다.

필요하다면 빽빽해졌거나 생산이 좋지 못한 성숙한 식물들을 가을에 분리한다(이런 상황은 8~10년 뒤에 발생한다). 일단 잎이 완전히 죽으면 쇠스랑으로 주변의 흙을 부드럽게 만든 뒤 포기를 들어올린다. 꽃눈(내년에 꽃을 피울 줄기가 될 작고 볼록한 빨간 부분)이 보이도록 뿌리에서 흙을 부드럽게 씻어낸 다음 예리한 칼로 뿌리를 나눈다. 뿌리마다 적어도 꽃눈이 3개씩 있도록 나누어 다른 곳에 다시 심는다.

작약이 걸렸을 때 가장 큰 문제가 되는 질병은 보트리티스라 불리는데, 축축한 봄 날씨에 자주 발생한다. 적당한 간격을 두고 심어 공기를 잘 통하게 하면 도움이 되지만 가장 중요한 예방책은 위생 관리다. 봄에 질병의 징후(검게 탄 모양의 잎 등)가 있는지 관찰하고 감염된 잎은 전부 제거한다. 보트리티스는 급속히 퍼지므로 감염된 잎은 퇴비 더미가 아닌 쓰레기통에 버린다. 가을에는 죽은 잎을 퇴비로 만드는 대신 쓰레기나 태울 무더기로 분리해 모두 제거한다.

듀체스 드 느무르

선호하는 품종

작약은 다양한 파스텔 색상의 아름다운 꽃을 피우며, 잘게 주름이 진 거대한 겹꽃부터 끝부분이 톱니 모양인 홑꽃까지 모양도 다양하다.

볼 오브 뷰티 분홍색 겉 꽃잎들이 솜털 같은 미색의 중앙 부분을 감싸고 있는 독특한 품종이다.

코럴 참 가장 먼저 개화하는 품종 중 하나로 활기가 넘치고 꽃송이가 크며 복숭아색과 산호색이 섞인 꽃이 개화하면서 점점 색이 바랜다. 크기 때문에 초기에 지지대를 세워주어야 한다. 농장에서 가장 인기가 높은 품종에 속한다.

듀체스 드 느무르 미색의 향기로운 겹꽃 품종으로 반구형의 큰 꽃을 피우는데, 활짝 피면 노란색이 은은하게 감돌게 된다. 내가 좋아하는 흰색 품종이다.

라즈베리 선데 폭이 넓은 미색의 사랑스러운 꽃잎 위에 커다랗고 주름이 많은 분홍색 꽃 머리가 놓인 독특한 품종으로 이름에 딱 어울린다. 내 눈에는 라즈베리 잼이 뚝뚝 떨어지는 바닐라 아이스크림처럼 보인다. 달콤하고 순한 향이 나는 훌륭한 절화다.

수명을 늘리는 요령

작약은 보통 일주일 넘게 지속되는 훌륭한 절화다. 원하는 정도로 피었을 때 수확해도 되지만, 수명을 최대로 늘리려면 봉오리 상태일 때 수확한다. 나는 '부드러운 마시멜로' 단계에서 수확하기 위해서, 아침에 식물들을 살필 때 꽃봉오리를 살며시 쥐고 폭신한 정도를 느껴본다. 아직 단단하면 더 성숙하도록 내버려두지만 마시멜로처럼 부드럽게 느껴지면 수확한다. 이때 식물이 여름 내내 계속 성장하고 영양분을 저장할 수 있도록 줄기에 적어도 잎을 두 쌍 이상 남겨두어야 한다.

수확한 줄기를 저장해두었다가 나중에 쓸 수 있다. 냉장고 안에

코럴 참

볼 오브 뷰티

라즈베리 선데

봄에 피는 꽃

서 2~3주 동안 지속된다. 저장할 때는 잎을 거의 다 제거하고 줄기를 한데 묶은 다음 과도한 수분을 흡수해줄 키친타월과 함께 비닐봉지에 넣는다. 냉장고 선반에 눕혀놓은 다음 며칠에 한 번씩 곰팡이가 생길 기미는 없는지 확인한다. 썩기 시작한 줄기는 전부 버린다. 수확하고 나면 꽃에 활기가 없어 보이는 경우가 많지만 걱정하지 말자. 줄기를 다시 잘라 곧바로 꽃 수명 연장제를 섞은 따뜻한 물에 담근다. 24시간 내에 꽃봉오리가 열리고 화병에서 일주일 동안 지속될 것이다.

FLORET FARM'S CUT FLOWER GARDEN

RANUNCULUSES

라넌큘러스

봄에 온실에서 딱 한 종류의 꽃만 길러야 한다면 나는 고민 없이 라넌큘러스를 택할 것이다. 긴 줄기에 주름진 겹꽃, 감귤향이 살짝 가미된 장미 향, 높은 생산성, 덤청나게 다양한 색상 등 훌륭한 특성을 정말 많이 지닌 라넌큘러스에 마음을 뺏기지 않을 수 없다.

기르는 방법

이 책에 소개한 다른 많은 꽃들과 달리 라넌큘러스는 추위에 다소 약하다. 최저 기온이 영하 6.6도에서 12.3도 사이거나 그 이상인 지역에서는 최소한의 보호 장치가 있으면 가을에 성공적으로 바깥에 심을 수 있다.

기온이 오랜 기간 영하로 떨어지는 대우 추운 지역에 산다면 이른 봄에 비닐하우스나 낮은 터널에서 싹을 틔운다. 땅이 얼지 않는 때가 오면 바깥에 옮겨 심는데, 보통 봄의 마지막 서리가 내리기 약 한 달 전이다. 가을에 싹을 틔운 식물만큼 꽃을 많이 피우지는 않겠지만 그래도 꽤 괜찮은 수확을 거둘 것이다.

좋은 품질의 알줄기를 골라 가을에 배송을 받을 수 있도록 늦여름에 주문한다. 항상 5~7센티미터 정도의 가능한 한 가장 큰 크기를 구입한다. 그래야 생산량이 같고 꽃도 더 크다. 큰 알줄기는 자라면서 줄기가 10~12개 올라오는 반면 3~4센티미터 크기의 작은 알줄기는 줄기가 5~7개만 올라온다.

심을 시기가 되면 알줄기를 실온 상태의 물에 3~4시간 담가둔다. 물을 듬뿍 흡수하면 통통해질 것이다. 물에 담근 후에는 직접 땅에 심거나 미리 싹을 틔울 수 있다. 심기 전에 싹을 틔우면 미리 발아하지 않은 쪽보다 3~4주 먼저 꽃을 틔우지만 이 과정을 건너뛰어도 결과물은 충분히 얻을 수 있다.

미리 싹을 틔우려면 바닥이 평평한 파종판에 촉촉한 화분용 영양토를 반쯤 채운다. 물에 담근 알줄기를 흙 위에 흩어놓고 촉촉한 흙으로 완전히 덮는다. 판을 10~12.7도의 시원한 곳에 10~14일 동안 둔다. 매주 확인하는 것이 중요한데, 흙이 촉촉하되 질척거리지 않아야 하며 썩거나 곰팡이가 필 기미가 보이는 알줄기는 모두 제거해야 한다. 이 기간 동안 알줄기는 2배로 커지고 흰 머리카락 같은 잔뿌리가 발달한다. (위로 당겨 확인했을 때) 잔뿌리의 길이가 1센티미터 정도 되면 2.5센티미터 깊이에 20센티미터 간격으로 줄을 맞춰 땅에 옮겨 심는다.

라넌큘러스는 보통 심은 뒤 90일가량 지나면 꽃을 피우기 시작한다. 늦가을에 심은 알줄기는 이른 봄에 개화하여 6~7주 동안 꽃을 꾸준히 피울 것이다. 절화로 쓰기 위해 키운다면 매년 새 알줄기를 일년생 식물처럼 심는 것이 가장 좋다.

선호하는 품종

나는 '벨 시리즈'를 길렀을 때 제일 성공적이었는데, '새건'과 '샴페인', '오렌지', '핑크 피코티', '파스텔 믹스'를 가장 좋아한다.

수명을 늘리는 요령

라넌큘러스는 보통 10일이 넘는 뛰어난 수명을 자랑한다. 10~12일 정도의 수명을 유지하려면 꽃봉오리에 색이 오르고 마시멜로처럼 폭신하지만 아직 활짝 피지 않았을 때 수확한다. 개화한 후에 수확해도 일주일간은 지속되지만 손상되기가 쉬워 운송이 어려워진다.

SWEET PEAS

스위트피

나는 어린 시절 시골에서 여름을 보냈는데, 조부모님 댁을 방문하여 시간을 보낼 때가 많았다. 내가 맡은 일 중 하나는 할머니 침대 옆 탁자에 싱싱한 꽃을 계속 가져다 놓는 것이었다. 할머니의 정원에는 아름다운 꽃이 많이 자라고 있었지만 가장 기억에 남는 꽃은 서로 얽혀 차고 기둥을 기어오르던 다양한 빛깔의 스위트피다. 남편과 내가 처음으로 집을 샀을 때 정원에 가장 먼저 심은 것이 바로 정원 정중앙의 커다란 스위트피 터널이다. 처음 꽃을 피운 그해 봄의 스위트피 향기는 나를 어린 시절의 여름과 할머니의 정원에서 꽃을 꺾던 행복한 추억으로 데려다주었다. 나는 지금까지 10년 넘게 스위트피를 기르고 있는데, 매년 봄 격자 구조물을 기어오르는 꽃을 보면 오랜 친구를 다시 만나는 것 같다.

기르는 방법
스위트피는 꽃을 피우는 시기에 따라 크게 세 종류로 나뉜다. 여러분이 사는 지역의 기후와 원하는 수확 시기에 따라 고를 수 있다.

- 겨울에 꽃을 피우는 품종: 가장 일찍 꽃을 피우는 '윈터 엘레강스'와 '윈터 선샤인 시리즈' 등이 있다. 핵심은 10시간 정도의 햇빛과 서리 보호 장치다. 가을에 심으면 텍사스와 캘리포니아처럼 따뜻한 미국 남부 지역이나 남아프리카와 오스트레일리아, 일본의 일부 온화한 지역처럼 따뜻한 나라에서는 한겨울까지 꽃을 피울 것이다. 겨울에 햇빛이 부족하거나 기온이 낮은 지역은 실내에서 잘 자라 이른 봄에 꽃을 피울 수 있도록 비닐하우스에서 기른다.

- 봄에 꽃을 피우는 품종: 여기에는 '맘모스'와 '스프링 선샤인 시리즈'처럼 큰 꽃을 피우는 품종들이 속하는데, 하루에 11시간 정도 햇빛을 받으면 겨울에 개화하는 품종보다 약 2주 늦게 꽃을 피우기 시작한다.

- 여름에 꽃을 피우는 품종: '스펜서' 품종들이 포함되며 하루에 12시간 정도 햇빛을 받으면 꽃을 피우기 시작한다. 전 세계적으로 가장 인기가 높은 품종들이다. '스펜서'는 더위를 잘 견디고 긴 줄기를 풍부하게 생산하며 색상이 다채롭고 기르기가 가장 쉬워 특히 초보자에게 적합하다.

겨울 날씨가 온화한 지역에서는 씨앗을 가을에 뿌린다. 그 외의 지역에서는 늦겨울이나 이른 봄에 뿌린다. 씨앗은 심기 전에 24시간 동안 물에 담가둔다. 이렇게 하면 껍질이 부드러워져 싹을 며칠 빨리 틔운다. 씨앗을 물에 담가놓는 동안 화분에 흙을 채운다. 스위트피는 처음부터 뿌리를 매우 많이 내리므로 초기에 여유 공간을 많이 줄수록 결국 더 잘 자란다. 나는 가능한 한 가장 깊은 화분을 고르는데, 보통 너비와 깊이가 10센티미터인 화분에 씨앗을 2개씩 심는다.

발아를 기다리는 동안 화단을 준비한다. 스위트피는 추가적으로 보살펴주어야 생산이 풍부해진다. 나는 (27쪽의) '시작하기'에서 자세히 설명한 일반적인 토양 준비에 더해, 스위트피가 뿌리를 깊이 내렸을 때 땅속에 풍부한 영양분이 기다리고 있도록 화단 중앙을 따라 30센티미터 깊이의 고랑을 판 뒤 퇴비나 잘 썩은 거름을 채운다. 그런 다음 격자 구조물을 만들 (나무나 금속) 기둥을 약 2.4미터 간격으로 줄지어 세우고 꽃들이 타고 오를 수 있도록 1.8미터 높이의 (치킨 와이어 같은) 금속 울타리를 고정

레 스 토 멜
발 레 리 해 로 드
몰 리 릴 스 톤

한다. 마지막으로 스위트피는 물을 좋아하므로 새어나오는 방식의 호스를 모종 옆에 놓는데, 호스가 없으면 날씨가 따뜻할 때 하루 종일 식물의 갈증을 풀어주어야 할 수도 있다.

마지막 서리가 내리는 시기 즈음에 모종을 바깥에 옮겨 심는데, 격자 구조물 양쪽으로 약 20센티미터 간격을 두고 두 줄로 심은 뒤 처음 6주 동안은 매주 생선 유제와 해조류 등의 천연 비료를 준다. 덩굴이 무성하게 자라면 비료 주기를 멈춘다. 계속 격자 구조물에 묶어주어야 곧게 자라므로 대주 꽃밭을 살피면서 줄기를 금속 울타리에 노끈으로 고정한다. 덩굴이 자라기 시작하면 한 주에 30센티미터 넘게 자라므로 계속 지켜보아야 한다.

선호하는 품종

나는 예로부터 전해 내려온 품종과 교배 품종을 섞어 1백 종류 가까이를 수년 동안 기르고 시험해보았다. 모두 아름다웠지만 꼭 있어야 하는 몇 가지 품종을 소개한다. 모드 '스펜서' 종류로 늦봄부터 한여름까지 꽃을 피운다.

찰리스 앤젤 연한 파란색의 거대한 꽃을 피우는 품종으로, 영국에서 열린 품평회에서 인기가 높았던 화초 중 하나다.

질리 수많은 상을 수상한 이 꽃은 사랑스러운 미색으로 정원에서 기르기 좋은 품종 중 하나다.

몰리 릴스톤 색상이 매우 예쁜 품종으로 미색에 분홍빛이 살짝 섞인 강한 과일향의 꽃이 기다란 줄기 꼭대기에 달려 있다.

님부스 다마도 내가 길러본 것 중 가장 독특한 품종일 것이다. 탁한 회색에 진한 보라색 줄무늬가 난 꽃으로 정원을 방문하는 모든 사람들과 대화를 시작하게 해주는 화초다.

레스토멜 큰 꽃의 멋진 진홍색 꽃잎이 당신의 발길을 즉각 멈추게 할 것이다. 절화로 쓰기 좋으며 매우 향기롭다.

발레리 해로드 덜 익은 수박 빛깔처럼 예쁜 분홍색 꽃잎이 특징인 품종이다. 활기가 넘치며 향기롭다.

수명을 늘리는 요령

일단 덩굴이 꽃을 생산하기 시작하면 속도를 따라잡기가 어려울 수 있다. 나는 하루걸러 한 번씩 아침에 화단을 샅샅이 뒤져 절정에 이른 꽃을 찾아낸다. 긴 수명을 위해서는 끝부분에 적어도 피지 않은 꽃이 두 송이 이상 남아 있는 줄기를 그른다. 더 활짝 피었을 때 수확해도 되지만 수명이 그다지 길지 않을 것이다. 스위트피는 화병에서 기껏해야 4~5일 지속되는, 수명이 짧은 절화다. 물에 설탕이나 꽃 수명 연장제를 섞으면 큰 차이가 생겨 수명이 며칠 더 늘어날 것이다.

TULIPS

튤립

우리 농장은 미국에서 매우 큰 튤립 구근 생산 지역 중 하나인 워싱턴의 스캐짓 계곡에 있다. 매년 봄 주변의 들판이 다채로운 색상을 뽐내면 1백만 명의 관광객들이 스캐짓 계곡의 튤립 축제를 보고자 우리 지역으로 모여든다. 최근 근처의 튤립 농장에 있는 커다란 전시용 정원을 방문했을 때, 나는 한 종류의 식물에 선택 가능한 품종이 이렇게나 많다는 사실에 놀랐다. 튤립은 검정색을 포함해 모든 색상의 꽃을 구할 수 있다. 줄기가 짧고 단단한 품종도 있고, 길고 날씬한 품종도 있다. 꽃잎 끝이 톱니처럼 생긴 품종도 있고 뾰족한 품종도 있으며, 주름이 많고 풍성해 작약으로 착각하기 쉬운 품종도 있다. 부드럽고 섬세한 향이 나는 품종도 있다.

뛰어난 장점이 많아 가장 인기가 높은 절화라는 사실이 놀랍지 않다. 17세기 중반의 네덜란드인들은 튤립에 열광하여, 꽃이 피는 잠깐 동안 구근이 평균 월급의 10배가 넘는 가격에 팔렸다고 한다. 이 열풍이 길진 않았지만 튤립은 줄곧 인기가 많은 꽃으로 남아 있다.

기르는 방법

기르기가 가장 쉬운 봄의 구근 식물인 튤립은 봄 정원의 기둥이다. 제대로 꽃을 피우려면 적어도 6주 정도는 날씨가 추워야 하므로, 겨울에 영하로 내려가지 않는 지역에 산다면 예냉한 구근을 선택한다. 튤립은 배수만 잘 되면 대부분의 토양에서 잘 자라는데, 점토질 토양에 물이 고여 있으면 구근이 썩는다. 가을에 햇빛이 충분히 드는 곳에 구근 길이의 3배 깊이로 심는다. 우리는 집중적으로 재배하는 만큼 달걀판에 담겨 있는 달걀처럼 구근을 고랑에 매우 촘촘히 배치한다. 줄기가 마음껏 위로 뻗을 수 있으며 작은 공간에서 많은 꽃을 기를 수 있으므로 이 방법을 추천한다.

선호하는 품종

나는 몇 년간 1백 종류에 달하는 튤립을 키워봤는데, 모두 아름다웠지만 정원에서 잘 자라고 화병에 꽂았을 때도 멋진 아래의 몇 가지 품종으로 다시 되돌아오곤 한다.

브라이트 레드 패럿 내가 본 눈에 띄는 패럿 튤립('패럿parrot'은 꽃잎이 깃털 같거나 말려 있거나 휘어졌거나 물결 모양으로 색이 현란한 튤립 종류를 말한다) 중 하나로, 토마토스프 빛깔의 빨간 꽃이 두꺼운 줄기에 여러 송이 달려 있으며 완전히 성숙하면 디저트 접시만 한 꽃을 피운다.

차밍 뷰티 내가 좋아하는 달걀노른자 빛깔의 품종으로 가든 로즈나 작약을 닮은 주름진 겹꽃을 피운다.

프로페서 뢴트겐 내가 길러본 것 중 가장 큰 패럿 튤립으로, 두껍고 긴 줄기 끝에 손바닥 크기의 멋진 주황색 꽃이 달린다. 초록색 줄무늬가 있는 주황색 꽃잎이 노란색 중앙 부분을 감싸고 있어 선명하게 돋보이는 인상을 준다.

로코코 수상 경력이 있는 품종으로 진홍색에 진한 자주색과 밝은 녹색의 깃털 무늬가 섞인 매우 독특한 조합이다.

옐로 퐁포네트 주름이 매우 많은 통학버스 빛깔의 노란색 품종으로 중앙 부분의 매력적인 검정색 얼룩이 노란 꽃잎을 완벽히 보완하며 독특한 색상을 선보인다.

차밍 뷰티

로코코

옐로 퐁포네트

프로피서 뢴트겐

브라이트 레드 패럿

수명을 늘리는 요령

튤립은 태생적으로 매우 오래 지속되는 절화다. 가게에서 구입하면 보통 4~5일 지속되지만 집에서 기른 꽃은 화병에서 10일 정도는 쉽게 버틸 수 있다. 실내에 최대한 오래 장식하려면 바깥쪽 꽃잎에 빛깔이 살짝만 도는 꽃봉오리 상태일 때 수확한다. 튤립은 수확 직후 구부러지거나 휘는 경향이 있으므로 종이로 줄기의 위쪽 3분의 2 부분을 깔때기 모양으로 감싼 뒤 몇 시간 동안 물에 똑바로 세워서 담가둔다. 물을 충분히 흡수하면 화병에서 훨씬 곧게 서 있을 것이다. 방금 수확한 줄기를 물에 꽂으면 처음 며칠 동안은 길이가 늘어나므로 어레인지할 경우 최종적으로 원하는 높이보다 더 깊이 꽂는다. 꽃 수명 연장제를 쓰면 더 오래 지속되고, 꽃잎에 생기가 넘치며 색상이 선명하게 유지된다.

라일락 꽃꽂이

꽃을 피운 나뭇가지와 멋진 초록 소재를 넘쳐흐를 듯이 가득 채운 어레인지먼트만큼 봄의 풍성함을 기념할 좋은 방법은 없다. 라일락의 짧은 시즌 동안 이 의기양양한 꽃을 일상에서 누릴 기회를 하나라도 놓치지 말아야 한다. 침대 옆 탁자에 작은 줄기를 몇 개 꽂아두는 것부터 며칠간 공간을 향기로 가득 채우는 거대한 작품에 이르기까지 라일락을 실내에 가능한 한 많이 들여놓는다.

나는 이렇게 멋진 라일락의 아름다움과 키를 강조하고 선명한 색상을 돋보이게 만드는 어레인지먼트를 좋아한다. 이 작품에는 연두색 불두화 잎을 진한 자주색과 검정색이 섞인 튤립과 조합했고, 탁한 자주색 헬레보루스 꼬투리와 검정색 프리틸라리아를 추가하여 매우 인상적으로 연출했다.

필요한 재료

중간 크기의 프렌치 꽃 양동이

꽃꽂이할 때 쓸 전지가위

불두화 8~10줄기

진한 자주색 라일락 6줄기

연한 자주색이나 파란색 라일락 8줄기

검정색과 진한 자주색이 섞인 겹꽃 패럿 튤립 12~15줄기

탁한 자주색 헬레보루스 10줄기

프리틸라리아 페르시카 3줄기

❶ 시작하기 전 양동이에 시원한 물과 꽃 수명 연장제를 채운다. 불두화를 가능한 한 고른 간격으로 꽃 양동이에 꽂는다. 이렇게 하면 전체적인 모양이 잡힌다.

❷ 초록 소재의 바탕을 구성했으면 라일락을 추가한다. 진한 색상에서부터 시작해 군데군데 크게 비어 있는 공간을 모두 채운다.

❸ 다음으로 연한 자주색이나 파란색 품종을 진한 색상의 꽃들 옆에 배치한다.

❹ 검정색과 자주색이 섞인 인상적연 튤립을 꽂아 자주색에 깊이를 더해준다. 이 작은 꽃들이 거대한 작품 속에서 길을 잃지 않도록 3송이씩 무리를 지어 곳곳에 고르게 배치한다.

❺ 탁한 자주색 헬레보루스를 다른 잎과 꽃들 사이사이에 끼워넣는다, 특히 작품 앞쪽에 배치한다. 검정색 프리틸라리아를 꽂아 마무리한다. 이 독특한 꽃이 작품 전체를 눈에 띄게 만들어줄 것이다.

봄 작품

봄 화관

싱싱한 꽃으로 만든 화관만큼 축제 분위기로 이끌어주는 존재는 없다. 꽃으로 만든 이 액세서리는 더 이상 결혼식에서만 볼 수 있는 것이 아니다. 어떤 특별한 상황에서든 쓸 수 있다.

예쁜 원형 화관을 만들려면 꽃과 잎 몇 줌 그리고 기본 원예 도구만 있으면 된다. 얼마나 만들기 쉬운지 알고 나면 여러분과 모든 친구들을 위한 화관을 만들게 될 것이다.

필요한 재료

종이로 감싼 와이어 60센티미터

15센티미터 길이의 플로럴 혹은 패들 와이어 10개

플로럴 테이프 1롤

장식용 리본 1.8~2.4미터

불두화 2줄기에서 잘라낸 꽃 8~10송이

무스카리 12줄기

라넌큘러스 9~10줄기

초롱꽃 1줄기에서 잘라낸 꽃 8송이

제비고깔 작은 것 8~10줄기

❶ 종이로 감싼 와이어를 머리에 대고 원하는 위치로 둘러보아 화관의 지름을 결정한다. 나중에 연결할 수 있도록 양 끝에 추가로 몇 센티미터를 더한다. 한쪽 끝은 고리 모양을 만들고 반대쪽은 곧은 상태로 둔다. (화관을 머리에 끼워본 다음 꽃을 추가하기 전에 와이어를 곧게 편다.)

❷ 추가로 지탱해주어야 하는 라넌큘러스 같은 크고 무거운 꽃은 화관에 고정하기 전 줄기마다 와이어를 감아 안정감을 준다. 플로럴 와이어를 머리핀 모양으로 구부린 뒤 꽃 중앙에 부드럽게 통과시킨다. 와이어와 줄기를 한꺼번에 테이프로 감는다.

❸ 재료 목록에 있는 초록 소재와 꽃을 4~6줄기씩 섞어 미니 부케를 만든다. 보통 일반 크기의 화관 하나에 미니 부케가 8~10개 들어간다. 정교하게 만들려면 다발을 작게 만들고, 풍성한 화관이 좋다면 다발을 크게 만든다. 줄기 끝을 5~8센티미터 남기고 자른다.

❹ 각 미니 부케 줄기가 완전히 가려질 때까지 아래에서 위로 플로럴 테이프를 감는다. 플로럴 테이프는 살살 늘이면 접착력이 생기므로, 살짝 당기면서 감으면 붙을 것이다.

❺ 미니 부케 하나를 잘라놓은 와이어 위에 놓는다. 미니 부케와 와이어 둘레에 플로럴 테이프를 몇 차례 감아 완전히 고정한다.

❻ 와이어가 완전히 가려질 때까지 남은 미니 부케들을 추가하는데, 첫 번째 부케와 동일한 방향을 향하게 놓고 먼저 고정한 부케의 줄기 부분을 가리도록 배치한다.

❽ 머리에 화관을 쓰고 와이어의 곧은 끝을 반대편의 고리 모양 사이로 지나게 하여 같은 모양으로 구부린 다음 움직이지 않도록 꼬아 두 끝을 한데 연결한다.

❾ 화관을 바로 쓰지 않을 거라면 신선도를 유지할 수 있도록 냉장고 선반에 최대 이틀까지 보관한다.

❼ 꽃을 모두 고정한 뒤 뒤쪽 잠금 부분 양쪽에 리본 몇 가닥을 묶는다.

봄 작품

어머니에게 드리는 셔벗 색상의 나비 꽃꽂이

나는 작업할 때 복숭아색과 산호색, 살구색, 귤색, 연어색 등 따뜻한 셔벗 색상을 섞는 것이 좋다. 매년 봄 종이 질감의 아이슬란드 양귀비가 솜털 같은 꽃봉오리에서 꽃잎을 펼치고 감귤향의 라넌큘러스가 처음 등장하면 이 꽃들을 전부 모아 거대하고 화려하며 로맨틱한 작품을 만들지 않을 수 없다.

따뜻한 색상을 누그러뜨리고 작품이 지나치게 달콤해지지 않도록 진하고 어두운 색의 잎과 밝은 초록색 소재 약간을 함께 섞어 넣었다. 성숙한 헬레보루스의 밝은 연두색 꼬투리와 장식용 자두나무 잎의 진한 구리색이 아름답게 어우러져 전체적으로 균형을 이룬다.

필요한 재료

중간 크기의 테라코타 화병 1개

꽃꽂이에 쓸 전지가위

진한 색깔 잎이 달린 아치 모양의 긴 자두나무 가지 6줄기

봉오리 상태인 아치 모양의 긴 산사나무 가지 6줄기

잎을 제거한 레이스 모양의 털설구화 꽃 6줄기

연두색 헬레보루스 8줄기

복숭아색과 산호색의 큰 아이슬란드 양귀비 20송이

복숭아색과 연노란색 라넌큘러스 15송이

❶ 시작하기 전 화병에 물과 꽃 수명 연장제를 채운다. 아치 모양의 자두나무 가지 2줄기를 화병 오른쪽 너머로 걸쳐 작품을 위한 튼튼한 뼈대를 마련한다. 그런 다음 화병 왼쪽 너머로 2줄기를 기울여 꽂아 균형을 맞춘다. 화병 왼쪽 뒤편 구석에 길게 솟은 줄기를 2개 더 추가한다. 아름답게 흘러내리는 모양의 약간 비대칭적인 어레인지먼트가 되도록, 한쪽으로 치우친 역삼각 형태를 만드는 것이 목표이다.

❷ 자두나무 줄기로 만든 전체적인 형태를 따라 산사나무 가지를 엮어 넣은 다음 털설구화 가지를 꽂아 나뭇가지들이 최대한 아치 모양을 그리며 흘러내리도록 연출한다.

❸ 빈 공간을 전부 헬레보루스로 채운다. 가장 많이 휜 줄기를 화병 앞쪽에 배치하여 전체적으로 성긴 모양새를 강조한다.

❹ 다른 소재들 사이사이에 아이슬란드 양귀비를 엮어 넣는다. 타고난 줄기 모양에 주의를 기울여 가장 많이 휜 줄기를 바깥쪽 가장자리에 배치하면서, 다시 한 번 잎으로 구성한 뼈대를 따라 구성한다. 꽃의 일부는 위쪽을, 다른 일부는 양옆을 바라보도록 돌려주어 잔주름이 있는 꽃잎의 독특한 특성과 아름다운 중심 부분이 보이게 한다.

❺ 전체적으로 어우러지도록 라넌큘러스를 양귀비 사이사이에 배치한다. 형형색색의 나비가 나뭇잎 위에서 쉬고 있는 모습을 닮은 어레인지먼트가 완성될 것이다.

MER

SUMMER
풍성함 맞이하기

농장의 여름은 언제나 매우 바쁘게 지나간다. 나는 동이 트기 훨씬 전 수탉이 울 때 일어나 거의 해가 떠 있는 시간 내내 정원에서 일한다. 기온이 따뜻해지고 낮이 길어지면서 한때 충분히 감당할 수 있었던 꽃밭이 순식간에 허리 높이로 올라온 잡초와 잎, 꽃으로 가득한 정글로 변한다. 모든 것이 너무 빨리 자라서 매주 새로운 정원에 들어서는 기분이다. 해바라기는 일주일에 30센티미터 넘게 자라고, 덩굴은 격자 구조물 너머까지 기어오르며, 달리아는 두 달 만에 작은 갈색 덩이줄기에서 크고 통통한 꽃으로 변신한다.

계절이 진행되면서 내 초점은 씨앗을 뿌리고 심는 일에서 잡초를 뽑고, 지지대를 세우고, 해충과 질병의 기미를 살피고, 연달아 꽃을 수확하는 일로 옮겨간다. 겨울에 세웠던 모든 계획과 봄에 해둔 모든 준비가 실제로 살아 움직이며 그 어느 때보다 아름답고 풍성하다.

모든 상황을 파악하고 있으려면 엄청난 집중력과 노력이 필요하다. 하지만 내가 불평하는 모습은 볼 수 없을 것이다. 꽃으로 가득한 들판 사이사이를 거니는 것보다 더 멋지고 보람 있는 일은 없기 때문이다.

여름 꽃 심기

초여름에는 추위에 약한 여름 꽃의 어린 모종과 구근, 덩이줄기를 심는 작업이 매주 계속된다. 나는 바질과 랜드라미, 천일홍, 백일홍 같은 따뜻한 날씨를 사랑하는 식물들의 씨앗을 여름 첫 달 내내 연속으로 심고, 한여름에는 씨앗을 심고 60일이면 꽃을 피우는 한 줄기짜리 해바라기처럼 빨리 자라는 작물을 기르기 시작하는데, 가을의 추운 날씨가 다가오기 전에 성숙해지기 때문이다.

이년생 화초 씨앗 뿌리기

꽃을 풍부하게 피우는 이 화초들(59쪽 '이년생 화초' 참조)이 성숙하여 꽃을 피우려면 1년을 꽉 채워야 한다. (파종판을 이용해) 초여름에 씨앗을 뿌리고 가을에 첫 서리가 내리기 6~8주 전인 여름 중후반 무렵에 바깥에 옮겨 심어, 추운 날씨가 시작되기 전에 충분히 자리를 잡을 수 있게 한다.

물 주기

식물이 잘 자라려면 햇빛과 비옥한 토양, 충분한 물이라는 세 가지 조건이 필요하다. 여름에는 기온이 올라가므로 손수 물을 주어 정원의 수분을 유지하려면 온종일이 걸릴 수 있다. 작은 땅을 돌보더라도 물이 한 방울씩 떨어지거나 조금씩 새어나오는 호스 같은 급수 시설을 갖추면 해가 지날수록 많은 시간과 비용(그리고 불안감)을 줄일 수 있을 것이다. 물이 한 방울씩 떨어지는 관개 호스는 위에서 뿌리는 스프링클러보다 물을 25퍼센트 적게 사용하며, 따뜻한 날 물이 쉽게 증발하고 질병이 생기기 쉬운 잎보다 뿌리 근처에 수분이 집중되게 해준다. 화초가 건강하고 꾸준히 자라려면 매주 물을 적어도 2.5센티미터씩 주어야 한다.

지지대와 격자 구조물 세우고 묶기

식물을 보면 어린아이가 연상되는데, 하룻밤 사이에도 몇 센티미터씩 자라기 때문이다. 울타리 안에서 성장이 활발히 일어나게 하는 일은 매우 중요하다. 비가 거세게 내리거나 돌풍이 불면 무성하던 꽃밭도 몇 시간 만에 식물들이 다 쓰러지고 질척거리는 진창으로 변할 수 있다. 나는 식물이 곧게 서 있을 수 있도록 꽃 그물과 견고한 금속 지지대, 포장용 노끈을 넉넉히 사용한다. 내가 즐겨 쓰는 지탱 방법에 대해서는 36쪽의 '꽃 지탱하기'에서 자세히 설명하고 있다.

순치기

처음 꽃을 기르는 사람이라면 어린 식물의 성장을 막아 개화를 몇 주 지연시키는 이 기법을 받아들이기 어려울 수 있다. 하지만 경험상 순치기를 하면 수확량이 크게 늘고 꽃이 여러 차례 피어나 수확 기간이 늘어난다. 보통 본잎이 3~5쌍 정도인 어린 식물에 꽃봉오리가 생기기 전에, 예리한 전지가위로 식물의 꼭대기 부분을 잘라낸다. 이렇게 하면 줄기가 나뉘는데, 이는 아래쪽에서 줄기가 더 많이 나온다는 뜻이다. 모든 품종이 이 방법으로 이익을 보는 것은 아니지만 아마란스와 맨드라미, 코스모스, 달리아, 금어초, 백일홍처럼 태생적으로 줄기가 나뉘는 품종에는 모두 효과가 있다. 나는 달리아와 백일홍을 가지고 일부는 순을 치고 일부는 치지 않는 방식으로 비교해보았다. 순을 친 식물은 줄기가 훨씬 더 길고, 훨씬 오랫동안 꽃을 피우며, 순을 치지 않은 식물에 비해 생산량이 2배였다.

잡초 제거 지속하기

내가 제일 싫어하지만 가장 중요한 작업인 잡초 제거는 여름에 주기적으로 해주어야 한다. 그렇지 않으면 하룻밤 사이에 정원이 정글처럼 엉망이 될 것이다. 잡초가 어려서 제거하기 쉬울 때 손보지 않으면 몇 분 안에 끝날 일을 몇 시간 동안 매우 힘들게 해야만 한다. 나는 여름 내내 매일 저녁 1시간 동안 어린 식물 주변의 흙을 괭이로 가볍게 일구며 잡초가 있는지 확인한다.

수확하기와 시든 꽃 잘라내기

정원의 여름작물들을 철저히 관리하는 것은 큰 작업이다. 나는 적어도 일주일에 3번씩 정원을 샅샅이 살피며 절정에 오른 꽃을 수확하는데, 이렇게 하면 오랜 수명이 보장되고 풍부한 생산량을 유지할 수 있다. 일단 씨앗을 맺으면 꽃을 피우는 속도가 점점 느려지다 결국 멈춘다. 수확 기간을 늘리려면 손상을 입거나 수확 때를 놓친 시든 꽃들을 잘라내야 하는데, 이렇게 하면 더 오랫동안 새 줄기와 꽃자루가 올라온다.

구근 주문하기

겨울과 봄에 꽃을 피우는 화초의 구근을 한여름에 주문하면 언제나 기분이 매우 이상해지지만, 나는 경험을 통해 최상의 구근을 구하려면 가능한 일찍 주문해야 한다는 비싼 교훈을 얻었다. 꾸물거리다가는 좋아하는 품종을 놓치게 된다. 봄에 꽃을 피우는 구근식물은 한여름이 오기 전에 주문하고, 페이퍼화이트와 아마릴리스는 가을에 배송이 되도록 여름에 선주문한다.

내한성 일년생 화초 씨앗 주문하기
가을에 심을 수 있도록 제비고깔과 니겔라, 레이스 플라워 같은 식물의 신선한 씨앗을 주문한다.

병충해 관리하기
정원을 거닐다 소중한 꽃들에 벌레가 먹었거나 부드러운 잎이 반점이나 가루막으로 뒤덮인 모습을 발견하면 정말 맥이 빠진다. 각 지역마다 굳제가 되는 병충해가 다르므로, 여러분이 사는 지역에서 많이 발생하는 문제를 확인하고 도움을 받을 수 있는 근처 묘목장이나 원예 동호회, 전문 원예가 모임 등을 찾아보길 권한다.

어느 지역이든 문제 해결에 도움이 되는 몇 가지 핵심 방법이 있다. 식물은 사람과 마찬가지로 스트레스를 받으면 병에 걸린다. 나는 어떤 식물이든 지속적으로 스트레스를 오래 받으면 얼마 안 가 병충해가 찾아온다는 사실을 알게 되었다. 그러므로 정기적으로 물을 주고, 잡초를 제거하고, 병충해를 확인해야 한다. 퇴비 더미에서는 병균이 결코 죽지 않으므로 허약한 식물은 즉시 제거하여 태울 무더기나 쓰레기로 분류한다. 해충을 일찍 발견하면 문제가 감당할 수 없을 만큼 커지기 전에 신속하게 조치할 수 있다.

Summer Blooms, Edibles & Foliage

여름 꽃과 식용 소재, 잎

COSMOS

코스모스

정원에서 기를 수 있는 일년생 화초 중 코스모스만큼 생산적인 식물은 없다. 코스모스는 베어내도 다시 피어나는 꽃으로, 많이 수확할수록 더 많은 꽃을 피운다. 한 번 심으면 가볍고 여린 데이지 모양 꽃을 몇 개월 동안 엄청나게 많이 생산할 것이다. 단독으로 혹은 다른 꽃들과 함께 어레인지할 수 있다. 가능성이 무궁무진한 꽃이다.

기르는 방법

코스모스보다 싹을 틔우고 기르기 쉬운 식물은 정말이지 없다. 봄의 마지막 서리가 내리기 4주 전쯤 씨앗을 뿌린 다음 서리의 위험이 완전히 사라지면 모종을 정원에 옮겨 심는다. 씨앗을 너무 일찍 뿌리면 모종을 정원에 내놓을 수 있을 만큼 날씨가 충분히 따뜻해지기 전에 모종 크기가 화분보다 더 커질 수 있으니 주의한다.

매우 무성하게 자라고, 뻗어나갈 공간이 있는 것을 좋아하므로 30~46센티미터 간격을 두고 심는다. 일단 심고 나면 빠르게 성장하니, 어릴 때 일찌감치 지지대나 그물을 설치해야 한다. 순치기를 해줘도 좋다. 이미 생산성이 높은 식물이지만 순치기를 하면 줄기가 훨씬 더 왕성하게 나뻗다. 나는 식물의 키가 30센티미터 정도 될 때 순치기를 하여 맨 우의 잎 몇 쌍을 잘라낸다. 꽃을 피우는 기간을 늘리려면 씨앗을 댔기 전까지 수확과 시든 꽃 잘라내기를 계속한다.

선호하는 품종

나는 보통 한 달 간격으로 씨앗을 2번 뿌리는데 여기에 좋아하는 품종 몇 가지를 소개한다. 이 품종들은 여름부터 가을까지 다양한 유형의 꽃을 대량 공급한다.

더블 클릭 믹스 독특한 겹꽃 코스모스로 정말 멋진 솜털 같은 꽃을 피운다. 새하얀 '스노우 퍼프'와 강렬한 고동색의 '크랜베리', 장밋빛이 섞인 연보라색 '로즈 봉봉', 사랑스러운 연분홍색의 '바이컬러 핑크' 등을 섞어서 구할 수도 있고 한 가지 색상만 구입할 수도 있다.

파이드 파이퍼 시리즈 꽃잎이 나팔 모양인 조개껍데기 유형의 시리즈로 색상별로 구할 수 있다. '레드'는 아름다운 진한 고동색이고 '블러시 화이트'는 부드럽고 연한 분홍색이다.

퓨리티 데이지를 닮은 발랄한 꽃으로 새하얀 빛깔의 완벽한 홑꽃이다.

루벤자 꽃시장에서 구할 수 있는 가장 어두운 색깔 코스모스로 꽃이 성숙하면서 밝은 루비색에서 어두운 장미색으로 변한다.

씨셸 믹스 꽃잎이 튜브 형태인 독특한 꽃으로 입처적인 모습이 굉장히 멋지다. 믹스에는 다양한 색조의 분홍색과 흰색 꽃이 섞여 있다.

베르사유 믹스 꽃을 일찍 피우는 활기 넘치는 믹스로 흰색과 연보라색, 분홍색, 진홍색의 데이지를 닮은 사랑스러운 꽃들이 섞여 있다. 씨앗을 뿌린 뒤 2개월 정도면 꽃을 피울 만큼 개화가 빠른 품종 중 하나로, 절화 업계에서 가장 생산성이 높은 믹스이기도 하다.

수명을 늘리는 요령

꽃 한 송이의 수명은 4~6일로 화병에서 그다지 오래 지속되지 않지만, 줄기에 가득 달린 여러 꽃들이 일주일 넘게 개별적으로 꽃을 피운다. 색이 돌지만 봉오리가 아직 열리지 않았을 때 수확하면 곤충의 수분을 막아 수명을 며칠 더 늘리는 데 도움이 된다. 화병에 쿨을 담고 꽃 수명 연장제를 섞는다.

여름 꽃과 식용 소재, 잎

베르사유 믹스

더블 클릭 믹스

파이드 파이퍼 시리즈

퓨리티

씨셀 믹스

루벤자

여름 꽃과 식용 소재, 잎

DAHLIAS

달리아

나는 늘 어떤 꽃을 좋아하느냐는 질문을 받는데, 대답을 찾다 보면 꼭 좋아하는 자녀를 고르는 느낌이 든다. 사실 좋아하는 꽃을 한 가지만 고를 수는 없지만 늦여름에는 거의 항상 달리아를 언급한다. 나는 몇 년간 450 종류가 넘는 달리아 품종을 시험했고 지금은 매년 여름 절화 생산을 위해 3~4천 포기를 기른다.

달리아는 기르기가 매우 쉽고 색상이 다양하며 생산성도 뛰어날 뿐 아니라 데이지, 작약, 수련을 닮은 것 등 꽃 형태도 각양각색이어서 점점 더 이 꽃이 좋아진다. 작은 절화 정원이든 큰 꽃 농장이든 아름답고 다재다능하며 생산성 높은 이 식물은 꼭 심고 싶을 것이다.

기르는 방법

달리아는 햇빛이 충분한 곳에서 기른다. 추위에 매우 예민하므로 땅이 15.5도 정도로 따뜻해질 때까지, 보통 봄에 마지막 서리가 내린 뒤 2주 정도까지는 심지 않고 기다리는 것이 중요하다. 덩이줄기를 10~15센티미터 깊이 구멍에 누어서 심은 다음 흙을 덮고 싹을 틔울 때까지 물을 주지 않는다. 나는 1미터 너비의 화단에 46센티미터 간격으로 두 줄을 심는다.

땅에서 잎이 한 장이라도 올라오면 일주일에 2~3번, 적어도 30분 이상 물을 흠뻑 준다. 식물의 키가 30센티미터에 이르면 아래쪽에서 줄기가 나뉘어 수가 늘어나고 전체적으로 길어지도록 가운데 줄기의 7.5~10센티미터 정도를 잘라내는 순치기를 한다.

민달팽이와 달팽이는 달리아의 가장 큰 적이다. 달리아를 심고 나서 2주쯤 뒤나 땅에서 잎이 올라오자마자 토치제를 놓고 시즌 내내 주기적으로 보충한다. 나는 어린이와 반려동물 모두에게 안전한 유기농 제품 '슬러고'를 쓴다.

한여름이면 식물의 키가 커져서, 지지대가 있어야 쓰러지지 않을 것이다. 나는 화단 바깥 둘레를 따라 3미터 간격으로 T자형 금속 기둥을 세운 다음 기둥에 포장용 노끈을 두 줄로 둘러 울타리를 치는 방법을 추천한다. 집에서 식물을 조금만 기르는 경우라면 심을 때 덩이줄기 옆에 크고 튼튼한 막대를 세워, 식물이 자라면서 묶을 수 있게 한다.

대부분의 지역은 여러 해를 살게 하고자 덩이줄기를 땅속에 그냥 두기에는 겨울이 지나치게 추우므로, 꽃을 피운 뒤에는 파내어 저장해야 한다. 가을에 몇 차례 서리가 내린 뒤 쇠스랑으로 덩이줄기 무더기를 들어올리는데, 잘리지 않도록 조심하며 작업한다. 식물에 묻은 흙을 모두 물로 씻어서 제거한다(나는 수압이 센 호스를 활용한다). 그런 다음 표백제를 5퍼센트 섞은 물에 담갔다가 시원한 차고나 지하실에 펼쳐놓고 1~2일 두어 건조시킨다.

달리아 덩이줄기는 빨리 자라므로 지나치게 커져서 썩어버리거나 너무 무거워져서 캐내어 저장하기가 어려워지지 않도록 매년 나누기를 권한다. 씻은 후 덩이줄기가 잘 말랐으면 예리한 전지가위를 이용해 좀 더 작업이 수월할 2개의 작은 덩어리로 나눈다. 그런 다음 반으로 자른 덩어리를 각 덩이줄기로 나눈다. 쓸 수 있으려면 부러지지 않은 완전한 덩이줄기에 눈(부풀어 오른 성장 혹)이 반드시 달려 있어야 한다. 잘못하여 부러졌다면 그냥 버린다.

펀킨 스파이스   앰버 퀸   크라이튼 허니

초기에는 덩이줄기를 많이 저장하려 애썼지만 항상 썩고 말았는데, 이때는 그냥 버리는 편이 낫다. 조금만 연습하면 정확하고 빠르게 눈을 찾아 덩이줄기를 나누는 작업을 매우 쉽게 할 수 있다. 나눈 후에는 신문지를 깐 상자에 약간 축축한 초탄이나 톱밥과 함께 넣거나, 하나씩 비닐 랩으로 싸서 저장한다. 겨울 동안 지하실이나 차고처럼 4~10도 정도 되는 서늘하고 건조한 공간에 보관한다. 겨울 내내 매달 확인하여 썩을 기미가 보이는 덩이줄기는 버린다.

선호하는 품종

앰버 퀸 따뜻한 주황색의 작고 사랑스러운 단추 모양 꽃으로 어떤 작품에 추가해도 환영받는다. 아담한 키와 자그마한 꽃송이, 훌륭한 생산성 덕분에 오랫동안 사랑을 받는 품종이다.

애플블러썸 접시 크기의 우아한 연분홍색 꽃으로 플라워 어레인지를 하는 사람이라면 누구나 길러야 한다. 화병에서 오래 지속될 뿐 아니라 생산성도 뛰어나다.

카페오레 연한 베이지색과 연분홍색이 섞인 커다란 접시 크기의 이 꽃이 보여주는 순수한 아름다움을 이길 만한 존재는 거의 없다. 여름 결혼식 부케로 가장 많은 요청이 들어오는 품종으로, 반드시 길러야 한다.

크라이튼 허니 복숭앗빛의 큰 공 모양 꽃을 피우는 생산성 높은 품종으로 내 정원에서 정말 큰 사랑을 받고 있다.

펀킨 스파이스 따뜻한 주황색과 황금색, 라즈베리색이 섞인 보송보송한 꽃을 피우는 훌륭한 품종으로 어떤 작품에 추가해도 깊은 인상을 준다. 마치 홀치기염색을 한 것처럼 똑같은 꽃이 하나도 없다. 줄기가 가늘기 때문에, 정원에서 키울 때는 추가로 지지대를 세워주어야 한다. 그렇지 않으면 폭우에 손상을 입을 수 있다.

스노호 도리스 연한 분홍색과 부드러운 주황색이 섞인 따뜻한 색감의 멋진 공 모양 품종으로 줄기가 튼튼하여 절화로 완벽하며 화병에서 오래 지속된다.

수명을 늘리는 요령

달리아는 매우 오래 지속되는 절화는 아니지만 적당한 단계에 수확하면 5~7일 정도의 수명은 기대할 수 있다. 수확한 뒤에는 꽃잎이 잘 펴지지 않으므로, 활짝 피었지만 지나치게 성숙하지 않았을 때 수확하는 것이 중요하다. 꽃송이의 뒷면을 확인해 꽃잎이 단단하고 건강한지 살펴본다. 종이 같은 질감이거나 약간 수분이 부족하다면 오래되었다는 신호다. 물에 꽃 수명 연장제를 섞는다.

FRAGRANT LEAVES

향기 나는 잎

잎을 꾸준히 공급하는 것이 긴 여름 동안 성공적인 부케의 관건으로, 잎에서 향이 나는 품종이 몇 줄기 있으면 어레인지먼트와 부케에 향기가 더해진다. 나는 주로 잎을 쓰기 위해 이 식물들을 수확하는데, 너무 자주 수확하여 꽃을 피울 기회가 없다. 물론 꽃을 쓸 수도 있지만 꽃은 그다지 인상적이지 않다.

선호하는 품종

바질 강한 감초 향을 풍기는 바질은 매우 향기롭고 기르기가 쉬우며 여름에 잎을 풍부하게 생산하는 식물 중 하나다. 가장 멋진 품종은 '오리엔탈 브리즈'로 진한 자주색 꽃과 윤기 나는 잎, 환상적인 향을 자랑한다. '시나몬'과 '레몬', 잎이 자주색인 '아로마투'도 훌륭한 일꾼이다.
기르는 방법 씨앗에서부터 시작하기 쉬운 식물이다. 봄에는 서늘한 날씨로부터 보호해야 하므로 서리의 위험이 모두 지나갈 때까지는 밖에 내놓지 않는다. (여러분의 지역이 서늘한 기후라면 낮은 터널에서 길러야 질병의 가능성이 줄어들고 줄기가 길어진다.) 하루 종일 햇빛이 드는 곳에 30센티미터 간격으로 심는다. 작품에 쓰기 좋은 줄기를 생산하려면 키가 20~30센티미터일 때 일찌감치 순치기(126쪽 참조)를 한다.
수명을 늘리는 요령 일단 수확한 후에는 열을 받을 경우 잎이 시드는 경향이 있으므로, 시원한 아침이나 저녁에 수확한 다음 물에 담가 꽃꽂이하기 전 몇 시간 동안 쉬게 한다. 7~10일 동안 지속되며 보통 화병 속에서 뿌리를 내린다. 꽃 수명 연장제는 필요 없다.

비 밤 Monarda hybrid 'Lambada' 모든 종류의 모나르다가 생산성이 높지만 이 일년생 품종은 다년생보다 훨씬 더 주목할 만하다. 봄에 씨앗에서부터 기르기가 쉽고, 잎에서 얼그레이차와 비슷한 좋은 향이 나며, 꽃꽂이하면 오래 지속된다. 여름 내내 연속으로 심을 수 있고 조금만 심어도 생산량이 엄청나다. 초록색과 회색, 연한 자주색이라는 독특한 색상 조합과 소용돌이 형태의 꽃 때문에 실제로는 조개꽃처럼 공간을 채우는 소재로 더 유용하다.
기르는 방법 씨앗에서부터 시작하기 쉬운 식물이다. 봄에는 서늘한 날씨로부터 보호해야 하므로 서리의 위험이 모두 지나갈 때까지 밖에 내놓지 않는다. 부피가 꽤 커지므로 화단 하나당 두세 줄씩 46센티미터 간격으로 심는다.
수명을 늘리는 요령 소용돌이 모양의 꽃이 초록색에서 자주색으로 변하기 시작할 때 수확한다. 열을 받으면 시들기 쉬우므로 시원한 아침이나 저녁에 수확한 뒤 물에 담가 어레인지하기 전 몇 시간 동안 쉬게 한다. 꽃 수명 연장제를 쓰면 7~10일 동안 지속된다.

민트 왕성하게 퍼져나가는 식물이니 심지 말라는 조언을 들었지만, 내가 그에 따르지 않았다는 사실이 매우 기쁘다. 민트는 봄에 가장 먼저 수확할 수 있는 잎 소재로, 이른 봄에 부케를 만들 수 있게 해준다. 내가 좋아하는 종류는 '애플민트'와 '페퍼민트', 흰색 얼룩이 있는 '파인애플민트', 스피어민트'다.
기르는 방법 햇빛이 잘 들거나 약간 그늘진 곳에서 기르는데, 묘목장에서 이 품종들을 구할 수 있는 이른 봄(추운 기후의 지역)이나 가을에 아무 문제없이 퍼져나갈 수 있는 곳에서 기르기 시작한다. 퍼지길 원하지 않는다면 큰 화분이나 위스키 통에 심는다.

여름 꽃과 식용 소재, 잎

수명을 늘리는 요령 성숙해서 단단해졌을 때 수확하면 일주일 넘게 지속되며 가끔은 화병 속에 뿌리를 내린다. 꽃 수명 연장제는 필요 없다.

센티드제라늄 Pelargonium 한여름부터 늦가을까지 훌륭한 어레인지먼트의 바탕이 되는 잎 소재다. 나는 '아타르 오브 로즈'와 '초콜릿 민트', '진저', '레몬 피즈'를 좋아하는데, 각각 이름 그대로의 향이 난다.
기르는 방법 봄에 서리의 위험이 모두 지나가면 식물에서부터 기르기 시작한다. '초콜릿 민트'는 특별히 언급할 만한데, 진홍색 잎맥의 알록달록한 큰 잎 때문에 내가 좋아하는 품종이다. 내버려두어도 키가 쉽게 1미터에 이르러 큰 작품에 쓸 수 있다. 모든 센티드제라늄 품종은 햇빛이 잘 드는 곳에 30센티미터 간격으로 심는다. 나는 낮은 터널에서 길러 열기 덕분에 식물이 무성하고 활기차게 자라고 이른 시기에 심을 수 있으며, 가을에 첫 서리가 심하게 내릴 때까지 계속 수확할 수 있게 한다.
수명을 늘리는 요령 최상의 결과를 내려면 충분히 성숙하여 줄기가 약간 단단해질 때까지 수확을 미뤄야 한다. 그렇지 않으면 시들어 회복되지 않을 것이다. 이른 아침이나 시원한 저녁에 수확하여 곧바로 물에 담근 다음 시원한 곳에서 몇 시간 쉬게 한다. 보통 꽃 수명 연장제를 쓰면 화병에서 일주일 넘게 지속된다.

바질   비 밤

민트   센티드 제라늄

FRUITS & FOLIAGE

열매와 잎

다양한 질감과 아름다운 빛깔을 제공하는 관목과 나무 소재는 중심이 되는 꽃을 전략적으로 보완하고 모든 플라워 디자인을 빛나게 해준다. 나는 바탕이 되어주는 이 부지런한 식물들을 정원에 많이 갖추고 있는데, 아래는 늦봄부터 이른 가을까지 재료를 풍부하게 제공하는 품종들이다.

기르는 방법
아래 소개할 낙엽수들은 기르기가 쉽고 대부분의 기후에서 잘 자란다. 햇빛이 충분히 들고 배수가 잘 되는 장소를 골라야 하며 식물이 자라면서 뻗어나갈 수 있도록 충분한 공간을 둔다. 화분에 심긴 상태의 식물을 심는다면 가을이 가장 좋고, 뿌리 상태의 관목을 심는다면 겨울이 좋다.

선호하는 품종
너도밤나무 Fagus sylvatica 잎 수확이라는 측면에서 내가 길러본 나무 중 가장 유용한 품종에 속한다. 초여름에는 너무 연해서 쓸 수 없을 것처럼 보이지만 실제로는 매우 단단하며 물에 꽂지 않고도 부토니에처럼 정교한 와이어 작품이나 갈런드와 정자처럼 큰 설치물 모두에 성공적으로 쓸 수 있다. '트라이컬러'는 특히 사랑스러운 품종으로 자홍색 잎에 진홍색 줄무늬가 있다. 한여름을 지나 가을에 들어서면 잎이 가죽처럼 변하고 색상이 진한 보라색에서 녹슨 빛깔의 갈색으로 바뀐다. 특히 시즌 후반의 어레인지먼트와 리스를 아름답게 보완해준다. 새로 난 잎은 화병에서 쉽게 일주일 동안 지속되며 늦여름 가죽 질감의 잎은 2배 더 오래간다.

야생능금 Malus 'Evereste' 봄에 꽃이 필 때 필수 재료인 야생능금은 체리 크기의 열매를 잔뜩 생산하는 한여름에서 늦가을까지도 빛을 발하는데, 계절에 따라 열매의 빛깔이 초록색에서부터 연한 주황색, 크랜베리색 줄무늬가 있는 상태를 거쳐 빨간색으로 변한다. 열매가 잘 보이도록 어레인지하기 전에 잎을 거의 제거한다. 화병에서 적어도 일주일은 지속된다.

서어나무 Carpinus betulus 잎맥을 따라 골이 지거나 주름이 잡힌 것처럼 보여 큰 어레인지먼트에 추가하면 덧지다. 잎이 여리고 신선해 보이지만 물 없이 놀랄 만큼 오래 지속되어 여름 갈런드의 핵심 재료이자 큰 어레인지먼트의 구조적인 바탕이 된다. 부토니에 뒤쪽에 한 장씩 대도 좋다. 화병에서 잎이 7~10일 동안 지속된다.

산국수나무 잘라서 쓸 수 있는 관목 중 가장 생산성이 높고 부지런한 일꾼에 속한다. 늦봄을 시작으로 초여름 꽃꽂이에 좋은 꽃이 가득 달린 줄기를 생산한다. 꽃이 지고 나면 작게 뭉쳐 있는 멋진 씨 꼬투리의 질감이 작품에 포인트가 되어준다. 남은 기간에는 잎으로 가득한 줄기를 계속해서 생산해 낸다. 이 식물은 다른 식물에서 거의 볼 수 없는 여러 독특한 색상이 있다는 점에서 매우 특별한데 '디아볼로'는 검정색에 가까운 잎 '코퍼티나'와 '서머 와인'은 갈색이 약간 섞인 진한 주황색 잎이며, 연두색 포인트를 원한다면 '너겟'과 '다츠 골드'가 답이 된다. 잎이 완전히 성숙했을 때 수확하면 수명이 10~14일가량 된다.

라즈베리 잎

라즈베리 잎 나는 몇 년 전부터 라즈베리 잎을 작품에 쓰기 시작했는데, 지금도 여전히 좋아한다. 생산성이 뛰어나 여름 내내 잎을 제공한다. '서밋'과 '골든'처럼 사계절 내내 열매를 맺는 품종은 열매 달린 줄기의 수확 기간이 늘어나 좋고, 겨울에는 완전히 베어내어 말끔히 정리할 수 있으며, 빠르게 퍼져 양이 금방 늘어나고, 전통적으로 여름에 열매를 맺는 다른 식물들보다 열악한 토양에서 잘 자라며, 빨간색과 노란색 열매를 맺는다. '툴라민'처럼 여름에 열매를 맺는 품종은 3~4주 동안은 아름다운 열매가 달린 나뭇가지를, 늦봄부터 가을까지는 나뭇잎을 풍부하게 제공한다. 화병에서 잎이 2주 넘게 지속된다.

수명을 늘리는 요령

시원한 아침이나 저녁에 수확하여 즉시 줄기 아래쪽 3분의 1의 잎을 제거한다. 그런 다음 가위로 목질 줄기 끝을 세로로 몇 센티미터 정도 갈라 시원하고 깨끗한 물이 담긴 양동이에 꽂는다. 어레인지하기 전 몇 시간 동안 쉬게 한다. 물에 꽃 수명 연장제를 섞으면 자른 줄기의 수명을 연장하는 데 도움이 되지만 여기에 소개한 모든 품종은 매우 강인하고 오래 지속된다.

야생능금　　　　　　　　　　서어나무

산딸수나무　　　　　　　　　너도밤나무

LILIES

백합

우뚝 솟은 줄기와 매끈한 나팔 모양 꽃을 지닌 백합은 초여름 정원의 여왕이다. 빨간색과 주황색, 노란색, 분홍색, 흰색은 물론 검은색까지 눈부시게 다양한 색상을 뽐낸다. 꽃잎에 줄무늬나 반점이 있는 품종도 있고, 향이 강해 한 줄기만 두어도 며칠 동안 방 안을 사향으로 가득 채우는 품종도 있다. 백합은 기르기가 쉽고, 대다수 지역에서 잘 자라며, 매년 다시 피어난다. 나는 50종류에 이르는 품종을 길러봤다.

기르는 방법

여름에 백합 구근을 주문하여 초가을에서 중반 사이에 받은 즉시 심는다. 백합은 햇빛이 충분히 들고 배수가 잘 되는 토양을 좋아한다. 구근을 심을 때는 15~20센티미터 깊이로 고랑을 파고 뿌리 쪽을 아래로 놓으며 간격은 구근 너비의 2배로 한다. 고랑에 흙과 함께 퇴비나 잘 썩은 거름을 채운 뒤, 5~10센티미터 두께로 뿌리 덮개를 덮어 잡초를 억제하고 겨울에 구근을 보호한다. 봄에 새순이 나면 주기적으로 물을 주고 계속해서 잡초를 관리한다.

선호하는 품종

백합은 특성에 따라 여러 종류로 나뉜다. 아래는 가장 널리 기르는 품종들로 꽃을 몇 주에 걸쳐 피운다. 아시아틱 백합과 오리엔탈 백합은 매우 이른 여름에, OT 교배종과 나팔 백합은 한여름에 꽃을 피우기 시작한다.

가장 먼저 꽃을 피우는 아시아틱 백합은 절화 시장에서 가장 널리 기르는 백합 종류다. 꽃이 위를 향하고 있어 손에 쥐는 부케에 추가하면 매우 좋다. 다양한 밝은 색상의 꽃을 피우고 한 줄기에 꽃이 10송이 정도 달리며 어디에서든 잘 자란다. 아시아틱 백합은 향이 없으므로 향기가 걱정된다면 이 품종을 길러보자.

오리엔탈 백합은 단연코 가장 향기로운 품종으로 한 줄기만 있어도 방 전체가 며칠 동안 달콤한 사향으로 가득 찬다. 웅장한 별 모양 꽃은 색이 매우 화려하고, 강렬하고, 선명하다.

오리엔탈과 나팔 백합을 교배한 OT 교배종은 향이 달콤하고, 색이 부드러우면서도 독특한 꽃을 피워 플라워 디자인에 섞어 넣기가 특히 좋아서, 내가 잘 기르고 장식에 쓰는 품종이다. 나팔 백합의 색상과 오리엔탈 백합의 향이 결합하여 품질이 매우 뛰어나다.

나팔 백합은 진자주색 꽃봉오리에서 오리엔탈이나 아시아틱 품종보다 더 부드러운 색의 꽃이 피어나 극적인 느낌을 준다. 매년 줄기가 길어지고 더 많은 꽃이 달리므로 관리가 가능하려면 몇 년에 한 번씩 새로운 구근을 심어야 한다. 나팔 백합은 향이 풍부하고 달콤하며 따뜻한 날 공기 중에 오래 머문다. 일단 자리를 잡고 나면 줄기가 꽃송이의 무게를 받치며 곧게 서 있을 수 있도록 지지대를 세워주어야 한다.

콘카도르 겨룰 만한 꽃이 거의 없는 OT 교배종으로 버터크림색 꽃잎이 안에서부터 빛을 발하는 것처럼 보인다. 향이 따뜻하고 달콤하여 깊은 인상을 준다.

몬테고베이 내가 좋아하는 OT 백합인 이 품종은 불꽃같은 진한 주황색 꽃잎에 노란색 가장자리라는, 자연이 만들어낸 가장 기분 좋은 색상 조합을 선보이며 깔끔한 과일 향기가 난다.

콘 카 도 르

플레이타임 발랄한 이름이 이 오리엔탈 품종을 완벽히 드러낸다. 깔끔한 흰색 꽃잎에 노란색과 빨간색의 독특한 줄무늬와 작은 빨간색 반점이 있다. 향기가 매우 좋은 품종으로 방을 환하게 해준다.

살타렐로 진한 분홍색 꽃봉오리에서 따뜻한 연주황색 꽃이 피는데, 부케에 추가하거나 화병에 단독으로 꽂으면 굉장히 아름답다. 이 OT 교배종은 내 정원에서 언제까지나 볼 수 있을 것이다.

소르본 이 OT 교배종은 단순한 분홍색 꽃이지만 가장자리를 따라 흰색 띠가 가늘게 둘러져 있으며 향이 달콤하여 언제나 나를 사로잡는다. 부케에 추가하면 종종 솜사탕 냄새가 난다는 말을 듣는다!

수명을 늘리는 요령

백합은 매우 오래 지속되는 절화로 화병에서 최소 10일 동안 꽃을 피우는 일은 드문 광경이 아니다. 봉오리에 색상이 돌고 아래쪽에 있는 꽃들이 막 개화하기 시작했을 때 수확한다. 꽃가루가 매우 지저분하고 얼룩을 남기므로, 꽃이 피자마자 티슈를 한 장 뽑아 꽃가루를 만드는 꽃밥을 떼어낸다. 물에 꽃 수명 연장제를 섞으면 봉오리 상태일 때부터 활짝 필 때까지 꽃잎이 진한 색상을 유지하는 데 도움이 된다.

FLORET FARM'S CUT FLOWER GARDEN

돈테고베이

플레이타임

실타렐로

소르본

여름 꽃과 식용 소재, 잎

PERENNIALS

다년생 화초

정원에 다년생 화초를 잘 갖춰놓으면 이른 여름에 부케를 수월하게 만들 수 있다. 나는 정원 구석의 넓은 땅에 열심히 일하는 일꾼인 이 식물들을 심어 이른 여름에 넉넉하게 수확한다. 늦봄의 구근식물과 이른 여름의 일년생 화초 사이의 공백을 완벽히 메워준다.

기르는 방법

다년생 식물은 씨앗에서부터 시작하기가 어려우므로 모종에서 시작하는 것이 좋다. 빨리 자라므로 비용도 아낄 겸 화분은 큰 것으로 사지 말고 작은 것을 구입한다. 가을에 첫 서리가 내리기 최소 4주 전쯤인 이른 가을에 심어 날씨가 추워지기 전에 자리를 잡을 수 있게 하는 것이 가장 좋다. 봄에 심어도 되지만 가을에 심을 때보다 첫 해 생산량이 훨씬 적을 것이다. 여기에 소개하는 모든 식물은 덩치가 꽤 커지므로 최고의 생산성을 위해 30~46센티미터 간격을 둔다.

다년생 식물은 성숙하기까지 보통 2~3년이 걸리므로, 좋은 장소를 골라 일찍부터 잡초를 꾸준히 관리하는 것이 중요하다. 나는 가을에 식물을 심은 다음 화단 위에 뿌리 덮개를 두껍게 덮어 잡초 씨앗의 발아를 막고, 봄이 되면 잡초를 철저히 관리한다.

선호하는 품종

델피니움 큰 물병에 파란색과 자주색 델피니움을 채워 방 한가운데 두면 웅장한 인상을 준다. 우뚝 솟은 이 거대한 식물을 정원에서 몇 년간 기르면 키가 1.6~2미터에 이르기도 한다. 빨리 자라나며 일단 자란 뒤에는 그물이나 지지대를 설치하기 어려우므로 봄에 일찌감치 튼튼한 지지대를 세워준다. 나는 큰 델피니움 꽃을 지탱하기 위해 금속 기둥에 그물을 두 겹으로 설치한다. 구할 수 있는 수십 가지 품종 가운데 내가 좋아하는 것은 우뚝 솟은 겹꽃의 '퍼시픽 자이언트 시리즈'다. 연한 파란색과 짙은 청록색, 흰색, 라벤더색, 연보라색 꽃을 피우며 솜털 같은 꽃 중앙 부분이 검정색인 것도 있고 흰색인 것도 있다. 줄기가 짧은 꽃을 원한다면 '매직 파운틴 시리즈'가 훌륭한 선택으로 흰색과 보라색 및 다양한 색조의 파란색 꽃을 피운다.

수명을 늘리는 요령 줄기에 꽃들이 4분의 1에서 3분의 1 정도 피었을 때 수확한다. 꽃 수명 연장제를 섞은 물에 꽂으면 화병에서 6~8일 동안 지속된다.

플록스 오두막 정원에서 항상 볼 수 있는 꽃으로 멋지고 관리가 어렵지 않다. 색상이 다양하고 꽃 머리 부분이 크며 초여름에 다량의 꽃을 피운다. 날씨가 따뜻해지면 흰가루병의 습격을 받는 경우가 많지만 특별한 조치를 취한 적은 없는데, 꽃들도 크게 영향을 받지 않는 것 같다. 햇빛이 충분히 혹은 부분적으로 드는 곳에 30~46센티미터 간격을 두어 심는다. 서서히 퍼져나가는 식물이므로 가을에 포기 나누기를 하면 한 포기로 꽃밭 전체를 채울 수 있다. 나는 키가 크고 달콤한 향이 나는 '플록스 파니쿨라타' 품종들을 특히 좋아하는데, 흰색 꽃을 피우는 '데이비드'와 연보라색 꽃이 피는 '로라', 두 가지 분홍색 색조가 섞인 '브라이트 아이즈' 등이 있다.

수명을 늘리는 요령 한 줄기에 꽃이 두세 송이 피었을 때 수확하여 꽃 수명 연장제를 섞은 물에 꽂으면 수명이 5~7일 정도 유지된다.

여름 꽃과 식용 소재, 잎

야로우 가뭄에 강하고 꽃 윗부분이 납작한 가벼운 느낌의 화초로 빨간색과 분홍색, 복숭아색, 주황색, 노란색, 흰색, 라벤더색 등 다양한 색상의 꽃을 피운다. 한 가지 색상이나 여러 색상을 섞어서 구입할 수 있어, 여러 선택이 가능하다. 햇빛이 잘 드는 곳에서 46센티미터 간격으로 기른다. 왕성하게 퍼져나가는 식물이므로 충분한 공간을 주어야 한다. 내가 좋아하는 품종은 복숭아색의 '애플블러썸'과 빨간색과 분홍색, 산호색이 멋지게 섞인 '서머 베리 믹스', 녹슨 주홍빛의 '테라코타' 그리고 일반 흰색 품종이다.

수명을 늘리는 요령 줄기에 꽃들이 80퍼센트가량 피었을 때 수확한다. 덜 성숙했을 때 수확하고 싶은 유혹이 들겠지만 어린 줄기를 수확하면 몇 시간 만에 시들 것이다. 꽃 수명 연장제를 쓰면 도움이 되며 화병에서 일주일가량 지속된다.

ROSES

장미

초여름 정원에서 꽃이 가득한 장미 덤불의 아름다움에 견줄 만한 식물이 있을까. 향기롭고 우아한· 이 꽃을 수확하는 일은 놓치지 말아야 할 경험이다. 나는 몇 년 동안이나 장미의 마법에 빠져 있다. 현재는 50종류가 넘는 장미 관목을 400그루 가까이 기르고 있다.

기르는 방법

근처 서점이나 도서관을 잘 둘러보면 아름다운 이 화초에 관한 책을 수백 권 찾을 수 있다. 자세히 살펴볼 정도가 너무 많아 여러분이 막 시작했다면 약간 부담감을 느낄 것이다. 나는 몇 년 동안 여러 가지 개선책과 요령을 시도해보았는데, 햇빛이 잘 드는 위치와 적절히 수정해 비옥한 토양, 질병에 강한 품종 선택이라는 세 가지에 초점을 맞추면 장미를 건강하게 기를 수 있다는 사실을 발견했다.

거의 연중 내내 가까운 묘목장에서 화분에 심긴 상태로 구입할 수 있지만 나는 겨울에 통신 판매 카탈로그를 보고 뿌리 상태의 식물을 직접 주문한다. 늦은 겨울이나 이른 봄에 성장을 멈춘 상태의 관목을 받을 수 있는데, 곧바로 심으면 화분에서 자란 경우보다 더 나은 결과를 낸다. 뿌리 상태로 구입하면 옮겨 심을 때의 충격을 경험하지 않으며 큰 식물을 구할 수 있다.

심을 때는 장미 뿌리의 2배 크기로 구멍을 낸 뒤 식물을 부드럽게 집어넣는다. 구멍 안에서 뿌리가 뭉치지 않고 마음껏 뻗어나가도록 충분한 공간을 준다. 수정한 흙을 채워 접붙이기한 부분(둥글게 뭉친 뿌리가 달려 있는 부근의 봉긋한 흔적)까지 완전히 덮는다. 겨울에 심었다면 나뭇조각이나 썩은 잎으로 뿌리를 두껍게 덮어 잡초를 방지하고 수분을 보존한다.

늦가을에는 식물 주변의 죽은 잎을 모두 치우고 퇴비나 묵힌 거름을 관목 아랫부분 주변에 쌓아준다. 이렇게 하면 피해가 생길 만한 추운 날씨에도 뿌리 윗부분의 보온에 도움이 된다.

첫 1년 동안 성장한 뒤 가지치기를 하면, 해마다 풍성하게 자라고 꽃을 피우는 데 도움이 된다. 경험상 많이 잘라낼수록 다음 해에 더 왕성하게 자란다. 온화한 기후의 지역에서는 늦겨울에 가지치기를 해도 되지만 추운 지역에서는 새순의 징후가 나타나는 이른 봄까지 기다린다. 먼저 죽거나 병든 나뭇가지를 제거한 다음 바깥쪽을 향하고 있는 새순 바로 윗부분을 자른다. 나는 보통 식물 전체 높이의 3분의 1 정도를 잘라내며 가늘거나 약한 줄기도 모두 제거한다.

봄에는 가을에 덮은 뿌리 덮개를 제거하고 특별히 장미를 위해 제조한 천연 비료를 뿌리 주변 흙에 뿌린다.

장미는 확실히 이 책에 소개한 다른 식물들보다 질병에 잘 걸린다. 따뜻하고 습한 날씨에는 검은무늬병과 녹병, 흰가루병이 생긴다. 나는 질병에 강한 품종을 고르고, 매주 천연 댁비를 뿌리고, 병든 잎을 제거하고, 물이 한 방울씩 떨어지는 호스로만 물을 공급하여 가능한 건강하게 유지시키려 노력한다. 장미에는 항상 질병이 따라다니지만 기후에 맞는 품종을 고르고 약간만 조심히 다루면 많은 꽃으로 보답할 것이다.

선호하는 품종

콜레트 벽을 타고 오르는 멋진 꽃으로 복숭앗빛과 살굿빛이 섞인 화려한 분홍색을 띤다. 잎이 질병에 강하고 꽃을 잘 피우는 습성이 있어 반드시 길러야 하는 절화다.

크라운 프린세스 마르가리타 나는 노란 장미를 매우 좋아한다. 기르고 있는 20여 가지의 황금색 품종 중에서 이 꽃이 언제나 최고다. 생산성이 매우 높으며 살굿빛을 띠는 주황색의 풍부한 색조를 자랑한다.

디스턴트 드럼스 내가 본 장미 중에서 독특한 색상의 이 품종에 비할 대상은 거의 없다. 중간 크기의 관목으로 추위에 매우 강하고 활기차며 여름 내내 꽃을 끊임없이 생산한다. 탁한 라벤더색의 꽃봉오리가 열리면 구리색과 연보라색, 연한 초콜릿색이 섞인 큰 꽃이 드러난다.

에글렌타인 질병에 강하고 계속해서 꽃을 피우는 중간 크기의 품종으로, 이제까지 봐온 꽃 중 가장 아름다운 꽃에 손꼽힌다. 연한 분홍색의 큰 꽃에서는 달콤한 향이 나며 네덜란드 정물화에서 튀어나온 듯한 느낌을 받는다.

제임스 골웨이 이 특별한 장미를 보고 나면 거의 잊을 수가 없는데, 마치 다른 시대의 그림에서 튀어나온 것 같다. 큰 가지에 여러 분홍색 색조가 감미롭게 섞인 꽃이 가득 달려 있다. 크게 성장하는 습성이 있으며 줄기가 거대하고 가시가 거의 없다.

샐리 홈스 끊임없이 꽃을 피우며 눈에 띄는 관목으로, 중앙 부분이 황금 빛깔인 미색의 꽃이 여름 내내 큰 가지에 가득 달린다. 활기가 넘치는 식물이다.

수명을 늘리는 요령

장미는 한순간만 즐길 수 있는 절화로 일단 수확하면 수명이 며칠밖에 되지 않는다. 화병에서의 수명을 늘리려면 꽃이 3분의 1만 개화한 상태일 때 시원한 아침에 수확하여 곧바로 꽃 수명 연장제를 섞은 물에 꽂는다. 홑꽃 품종은 개화한 뒤 수분이 되기 전, 봉오리에 색이 올라왔을 때 수확한다. 그렇지 않으면 화병에 꽂았을 때 꽃의 중앙 부분이 갈색으로 변하고 꽃잎이 빨리 떨어진다. 품종과 수확 시기에 따라 3~6일 정도의 수명을 기대할 수 있다.

샐리 홈스 에글렌타인

제임스 골웨이

SNAPDRAGONS

금어초

금어초는 초여름의 내 정원에서 언제나 생산성이 가장 높은 꽃이다. 수확하면 다시 피어나는 꽃으로 많이 수확할수록 더 많은 꽃을 피운다. 나는 작년에 27가지 품종을 총 6천 포기 길렀다. 이 꽃이라면 사족을 못 쓴다고 해도 과언이 아니다. 가게에서 구입한 꽃과 달리 정원에서 기른 금어초는 달콤한 감귤향이 나 며칠 동안 방 안을 가득 채운다.

대부분의 원예가들은 '금어초'라는 단어를 들으면 봄에 원예용 품점이나 철물점에서 작은 단위로 판매하는 화단용 화초를 생각한다. 엄밀히 따지면 같은 과에 속하긴 하지만 직접 재배하는 절화의 경이로움과는 거리가 멀다. 화단용 화초는 보통 크기가 작다는 이유로 선택하는 만큼, 창가 화단이나 화분에서 작은 크기를 유지하도록 성장 조절 물질을 쓴다. 매년 여름 몇 개월 동안 꽃을 피우는 생산성 높은 긴 줄기를 얻으려면 적절한 품종을 골라 씨앗에서부터 직접 길러야 한다.

기르는 방법

금어초 씨앗은 여러분이 본 씨앗 중 가장 작은 편에 속할 것이다. 우리는 씨앗보다는 티끌 같다고 농담을 한다. 흙 표면 위에 씨앗을 잔뜩 뿌리고 나면 다 했다고 말하고 싶겠지만, 약간의 추가적인 노력이 필요하다. 나는 아주 이른 봄에 씨앗을 뿌리기 시작한다. 살짝 젖은 이쑤시개로 씨앗을 1~2개씩만 집어 파종판의 한 칸에 넣은 다음 질석을 가볍게 뿌린다. 작긴 하지만 강인하므로 씨앗을 뿌린 뒤 4~5일이면 싹이 올라오는 모습을 볼 수 있을 것이다.

본잎이 3쌍 올라오면 정원으로 옮겨 23센티미터 간격으로 심는다. 금어초는 추위에 강하고 몇 차례의 가벼운 서리는 견뎌낼 수 있으므로, 봄의 마지막 서리가 내리기 한 달 전쯤 심는다.

꽃의 양을 늘리고 싶다면 순치기를 권한다. 본잎이 5쌍 정도 났을 때 예리한 전지가위로 끝부분을 잘라 3쌍만 남긴다. 이렇게 하면 아래쪽에서 줄기가 나뉘어 꽃을 2배 더 많이 생산한다. 순치기를 하면 개화 시기가 2~3주 지연되므로 보통 절반은 순치기를 하고 나머지 절반은 일찍 꽃을 피우도록 남겨둔다.

금어초는 왕성하고 곧게 자라는 식물이지만 폭풍우가 몰아치는 봄 날씨에 잘 쓰러지기도 한다. 순치기를 하자마자 땅에서 30센티미터 높이로 꽃 그물을 설치하여 식물이 지지대 역할을 하는 그물을 통과해 자라게 한다.

선호하는 품종

샨티이 믹스 아름다운 색상의 나비 같은 꽃으로 이른 여름에 가장 많은 요청과 사랑을 받는 작물이다. 고객들은 실제로 첫 생산된 꽃다발을 받으면 박수를 치며 폴짝폴짝 뛴다. 모든 색상을 다 길러봤지만 시간이 지나면서 분홍색(사실상 산호색)과 연분홍색, 구리색, 연한 연어색 등의 베스트셀러로 취향이 좁혀졌다. 나는 종종 여러 색상을 조합하여 하나의 다발을 만드는데, 신선한 과일 셔벗이 보송보송하게 뭉쳐 있는 것처럼 보인다.

샨티이 믹스

마담 버터플라이 믹스 진달래 금어초라고도 알려져 있는 겹꽃 품종으로, 보기 드문 특별한 꽃이다. 풍만한 형태가 곤충의 수분을 어렵게 만들어 홑꽃보다 화병에서 더 오래 지속된다. 아름답고 주름이 풍성한 이 꽃의 믹스에는 아이보리와 체리색, 분홍색, 노란색, 구리색, 복숭아색 등이 섞여 있다.

수명을 늘리는 요령

곤충들이 수분을 하기 전, 아래쪽에 2~3송이만 개화했을 때 수확한다. 물에 꽃 수명 연장제를 쓰면 7~10일 정도의 수명을 기대할 수 있다.

마 담 버터플라이 믹스

TENDER ANNUALS

비내한성 일년생 화초

비내한성 일년생 화초는 여름 정원의 충실한 길꾼이다. 보살핌 필요가 거의 없고, 빠르게 자리를 잡으며, 긴 기간 동안 풍성하게 꽃을 피우고, 한여름의 열기를 잘 견뎌낸다.

기르는 방법

추위에 매우 예민하여 약간의 서리만 내려도 죽을 수 있으므로 지나치게 일찍 심지는 말자. 나는 봄에 마지막 서리가 내리기 6주 전까지 미루었다가 씨앗을 뿌린 다음 초여름 내내 3주 간격으로 연이어 씨앗을 뿌린다. 서리의 위협이 완전히 사라지면 모종을 정원에 옮겨 심는다.

여기에 나열한 식물들은 왕성하게 성장하여 뻗어나갈 공간이 필요하므로 30~46센티미터 간격을 둔다. 모두 열을 잘 견디긴 하지만 적어도 일주일에 한 번은 물을 흠뻑 주어야 한다.

선호하는 품종

맨드라미 몇 년 전 맨드라미 벌레에 당한 뒤로 절화로서 가장 좋은 품종을 찾기 위해 66가지 종류를 철저하게 시험하기로 했다. 정말 모든 품종이 아름답고 생산성이 높지만 진정으로 내 마음을 빼앗아간 몇 가지 품종이 있다. 맨드라미가 진짜 멋진 이유는 솜털이 보송보송한 벨벳 같은 꽃이 부채와 깃털, 뇌 등 제각각 개성적인 모양으로 피어서 실제로 관련 있는 꽃들이라고 믿기 어렵기 때문이다. 따뜻한 지역에서 재배한다면 정원에 직접 씨앗을 뿌릴 수 있지만 여름이 덜 더운 지역이라면 낮은 터널이나 비닐하우스에 모종을 심는다. (부채 모양의) 봄베이 시리즈를 제외한 모든 맨드라미는 순치기 (37쪽 참조)를 하면 큰 도움이 된다. 식물의 키가 15센티미터 정도 되었을 때 자라고 있는 끝부분을 잘라낸다. 이렇게 하면 아래쪽에서 줄기가 풍부하게 나뉘어 완벽한 크기의 수십 줄기로 보답할 것이다. 내가 좋아하는 품종은 (부처 모양의) '봄베이 핑크'와 (뇌 모양의) '구루메 오렌지 레드', (깃털 모양의) '팜파스 플룸 믹스', (세 가지 모양이 섞인) '수퍼크레스트 믹스', (깃털 모양의) '실피드'다.

수명을 늘리는 요령 자라면서 꽃 머리 부분이 커지므로 원하는 크기만큼 컸으면서 씨앗을 맺지 않았을 때 꽃을 수확한다. 수확하는 동시에 잎의 80퍼센트를 제거해야 하는데 화병에서 꽃이 지기 훨씬 전에 잎이 시들기 때문이다. 맨드라미는 매우 오래 지속되는 꽃으로 수명 연장제 없이도 종종 2주까지 간다. 말려서 나중에 쓸 수도 있다. 말리려면 당금 수확한 줄기를 따뜻하고 어두운 곳에 2~3주, 혹은 만져보아 단단해질 때까지 거꾸로 매달아둔다.

산당근 Daucus carota 진홍색과 초콜릿색이 섞인 큰 레이스 모양의 꽃으로 농장에서 첫날부터 큰 인기를 누렸다. 한데 모아두어도 멋지고 거의 모든 꽃과 잘 어울리며 한 번 심으면 여름 내내 꽃을 피운다. 레이스 모양 꽃 부분의 크기와 색상이 다양하여, 작품을 극적이고 가벼운 느낌으로 완성해준다. 크기가 점점 커지므로 46센티미터 간격으로 심어야 하며 봄의 폭우에 쓰러지지 않도록 일찌감치 지지대를 세운다. 부피가 꽤 큰 식물이므로 튼튼한 기둥에 꽃 그물을 부착하는 방법을 권한다.

수명을 늘리는 요령 꽃들이 활짝 피어 모양이 납즉해졌을 때 수확한다. 너무 일찍 수확하면 줄기가 시드는 경향이 있다. 싱싱한 꽃은 꽃 수명 연장제를 쓰면 화병에서 6~8일 동안 지속된다.

천일홍 매리골드

맨드라미　　　　　　　　산당근

천일홍 늦여름에 꽃을 피우는 사랑스러운 단추 모양 꽃으로 색상이 선명한 클로버 꽃처럼 생겨 부케에 쓰면 멋지다. 더운 곳에서 잘 자라므로 나는 낮은 터널에서 기른다. 태생적으로 줄기가 나뉘는 식물이므로 순치기를 할 필요 없다. 내가 좋아하는 품종은 모두 'QIS 시리즈'에 속하는데, '카민'과 '라일락', '오렌지', '핑크', '화이트' 등이 있다.

수명을 늘리는 요령 많이 수확할수록 더 많은 꽃을 피우며 방금 수확한 꽃은 수명 연장제 없이도 화병에서 2주까지 지속된다. 말려서 나중에 쓸 수도 있다. 말리려면 방금 수확한 줄기를 따뜻하고 어두운 곳에 2~3주, 혹은 만져보아 단단해질 때까지 거꾸로 매달아둔다. 말린 후에는 꽃이 부서져 쉽게 분리될 수 있으므로 살살 다룬다.

매리골드 가장 강인하고 꽃을 풍부하게 피우는 식물에 속한다. 보통 한 포기에서 15~20송이의 꽃을 얻는다. 정원의 일꾼인 이 꽃은 키가 15센티미터 정도일 때 일찌감치 순치기를 하면 도움이 된다. 선명한 주황색과 노란색 꽃이 매우 견고하여 갈런드와 화환의 훌륭한 소재가 된다. 내가 좋아하는 품종 2가지는 주황색의 거대한 '제디 오렌지'와 적갈색에 노란 줄무늬가 있는 '코트 제스터'이다.

수명을 늘리는 요령 꽃이 반쯤 피었을 때 수확하여 중심이 되는 줄기의 잎 대부분을 제거한다. 매우 기본적인 꽃이긴 하지만 여러 가지 꽃을 섞은 부케에 추가하면 멋지며 꽃 수명 연장제를 넣은 화병에서 7~10일 동안 지속된다.

여름 꽃과 식용 소자, 잎

VEGETABLES

채소

내가 부케에 추가하기를 즐기는 소재 중 하나는 먹을 수 있는 재료로, 사람들이 많이 알아볼수록 더 좋다. 나는 몇 년 동안 유명한 요리사의 신부 부케에 당근을 끼워넣고, 음식을 사랑하는 신랑의 부토니에에 고추와 작은 가지를 달고, 수백 개의 센터피스에 방울토마토와 포도를 흩뿌리고, 교회의 계단 장식에 라즈베리를 추가하고, 방명록 장식에 야생능금을 집어넣으며 가능한 한 많은 플라워 디자인에 향기 나는 허브를 엮어 넣었다.

꽃과 음식을 짝짓는 것만큼 대화가 끊이지 않게 해주는 소재는 없다. 사람들은 대부분 재료를 알아보지 못하면 화병에 무엇이 꽂혀 있는지 그다지 주의를 기울이지 않으므로, 약간의 식재료를 추가하면 꽃에 관심 없는 사람을 이야기로 끌어들일 수 있다.

기르는 방법

여기에 소개한 채소들은 모두 더위를 좋아하고 늦여름부터 가을에 첫 서리가 내릴 때까지 풍부하게 난다. 우리 지역은 여름이 비교적 시원하기 때문에, 나는 전부 비닐하우스에서 길러 열기를 더해준다. 하지만 더운 날이 많은 지역이라면 바깥에서도 잘 자랄 것이다.

봄에 마지막 서리가 내리기 6~10주 전에 실내의 파종판에서 싹을 틔운다. 모종에서 첫 본잎이 1쌍 나면 10센티미터 너비의 화분에 옮겨 심고, 밖에 심어도 안전할 때까지 화분에서 기른다. 계속 자랄 수 있도록 어릴 때는 15~21도를 유지하는 것이 중요하다. 밤 기온이 10도 이상 되며 날씨가 따뜻해지고 안정을 찾으면 바깥에 심어도 좋다. 여기에 소개한 모든 채소는 꽤 커져서 뻗어나갈 공간이 필요하므로 적어도 30~45센티미터 간격을 둔다. 또한 지지대를 세우면 도움이 된다. 토마토 같은 경우 자라면서 식물을 묶을 수 있는 무거운 금속 T자형 기둥을 추천한다. 고추와 가지는 약 1미터 높이의 견고한 기둥에 묶거나 그물을 칠 수 있다.

선호하는 품종

가지 나는 독특한 이 채소의 날씬한 자주색 품종을 산당근과 갯볐정이, '퀸 레드 라임' 백일홍처럼 풍부한 색상의 소재와 짝짓는 것을 좋아한다. 나는 '마카'와 '오리엔트 참', '오리엔트 익스프레스' 등 아시아 품종을 좋아하는데, 열매가 길고 날씬하여 화병 입구 너머로 아름답게 드리워지기 때문이다. 열매가 두꺼워 장식하기가 약간 까다로울 수 있으므로 줄기를 단단히 고정해야 하며, 늦여름이나 초가을까지 수확하지 않고 내버려두면 열매가 달린 채로 물에 꽂을 수 있을 만큼 줄기가 길어진다. 줄기가 길어지기 전 시즌 초반에 쓰고 싶다면 꽃을 채운 화병 아래쪽에 가지 몇 개를 쌓아두어도 좋다.

수명을 늘리는 요령 열매가 줄기에서 매우 쉽게 떨어지므로 다룰 때 좀 더 주의해야 한다. 일단 수확하면 열매가 잘 보이도록 잎을 모두 제거한다. 어레인지먼트에 섞여 며칠 동안 지속될 것이다.

고추 다른 채소와 마찬가지로 선택 가능한 품종이 많은데, 여름 부케뿐 아니라 가을 리스와 장식에 포함시키면 한층 흥미진진해진다. 대부분 성공적이지만 나는 '방콕'과 '샤이엔', '헝가리안 핫 왁스'처럼 길고 날씬한 품종을 좋아한다.

수명을 늘리는 요령 고추는 초록색일 때부터 색이 완전히 날 때까지 아무 때나 수확할 수 있다. 맨손으로 줄기를 만지면 손가락이 얼얼해질 수 있으므로 수확할 때는 장갑을 껴야 하며, 시들 수 있으므로 잎은 곧바로 전부 제거한다. 수명 연장제 유무에 관계없이 화병에서 2~3주 동안 지속된다.

토마토 내가 언제나 부케에 살짝 추가하기를 좋아하는 채소인 토마토는 어레인지먼트를 어떤 크기로 완성하든 가장자리 너머로 멋스럽게 늘어진다. 엄밀히 따지면 모든 토마토를 플라워 디자인 소재로 쓸 수 있지만 나는 '레드 커런트'와 '화이트 커런트'처럼 열매가 작아 장식하기 쉬운 종류를 특히 좋아한다. 큰 어레인지먼트 같은 경우 '인디고 체리 드롭스'와 '옐로 페어'의 매끈하고 검붉은 열매를 쓰면 멋지다.

수명을 늘리는 요령 한 송이에 달린 열매가 모두 발달했을 때 수확하되 줄기에서 떨어질 수 있으므로 완전히 성숙한 빛깔로 바뀌기 전에 자른다. 그런 다음 시들 수 있으므로 잎을 모두 제거한다. 일단 익으면 열매가 줄기에서 분리되는 경향이 있으니 일찍 수확해야 한다. 줄기를 물에 담가둔 경우라면 열매가 4~5일간 지속되며, 익으면서 색상이 바뀐다.

토 마 토

고 추 　　　　　　　가 지

여름 꽃과 식용 소재, 잎

ZINNIAS

백일홍

발랄한 백일홍 한 아름만큼 여름을 상징하는 소재는 없다. 원예가라면 누구나 다양한 색상을 구할 수 있는 이 만족스러운 꽃을 필수적으로 기른다. 재배하기 쉬운 절화에 속하는 백일홍은 초보 재배자에게는 완벽한 첫 작물이며, 어느 지역에서 기르든 믿음직하게 꽃을 풍부히 생산한다. 나는 농장을 시작할 때부터 백일홍을 길렀으며, 매년 점점 더 이 꽃이 좋아진다.

기르는 방법

백일홍은 추운 날씨를 싫어하므로 조금 따뜻해진 후에 땅에 심는 것이 좋다. 나는 따뜻한 지역에 사는 재배자들이 마지막 서리가 내린 2~3주 뒤에 씨앗을 땅에 직접 뿌려 성공하는 경우를 많이 보았다. 서늘한 이곳 워싱턴에서는 바깥으로 옮기기 4~6주 전에 실내에서 싹을 틔운다. 온실 안에서 파종판에 씨앗을 뿌리고 마지막 서리가 내린 2~3주 뒤에 바깥에 심는다. 식물 사이의 간격은 30센티미터로 한다. 가을 내내 이 아름다운 꽃을 부케에 꾸준히 쓰려면 초여름에 2~3주마다 연속으로 씨앗을 뿌린다(연속으로 심기에 대해서는 24쪽을 참조한다).

여기에 나열한 것처럼 키가 큰 품종을 골라 햇빛이 충분히 드는 곳에서 기른다. 영구적인 집이 될 땅에 어린 식물을 심은 뒤에는 물이 한 방울씩 떨어지거나 새어나오는 형식의 호스를 이용하여 매주 적어도 30분 이상 혹은 땅이 흠뻑 젖을 때까지 물을 준다.

줄기가 긴 백일홍을 기르는 비법은 순치기다. 키가 46센티미터 정도 되었을 때 중앙에 있는 꽃봉오리를 잘라낸다. 이렇게 하면 아래쪽에 가지들이 발달해 결과적으로 더 긴 줄기를 생산한다. 정기적으로 백일홍을 수확하지 않을 경우 시든 꽃을 모두 잘라내어 식물의 에너지가 새 꽃을 피우는 데 집중하게 한다.

선호하는 품종

베나리스 자이언트 시리즈 백일홍 중 꽃이 가장 큰 품종으로 보통 120~152센티미터까지 자라며 겹꽃의 비율이 높다. 밝은 색에 줄기가 튼튼하며 질병에 강하다. 내가 좋아하는 색상의 품종은 '새먼 로즈'와 '코럴', '오렌지', '자이언트 와인'이다.

오클라호마 새먼 이 멋진 꽃은 내가 길러본 것 중 가장 생산성이 뛰어난 품종이다. 따뜻한 색조의 연어색과 복숭아색이 섞인 작은 겹꽃은 어떤 소재와도 멋지게 어울린다. 줄기가 길고 튼튼하며 꽃이 작은 덕분에 매력적인 여름 화초이자 훌륭한 부케 재료가 된다.

퀸 시리즈 줄기가 길고, 수명이 오래 지속되며, 질병에 강한 것이 특징이다. 두 가지 색상이 있는데 '퀸 라임'은 아름다운 그래니스미스 사과를 닮은 초록색으로 튼튼한 줄기 끝에 중간 크기의 꽃송이가 달려 있고, '퀸 레드 라임'은 보라색과 초록색, 분홍색이 뒤섞인 독특한 색상 때문에 찾게 되는 멋진 꽃이다.

스카비오사 플라워 믹스 처음 기르자마자 내가 좋아하는 작물 중 하나가 되었다. 주름이 많은 겹꽃이 미니 거베라나 겹꽃 에키네시아를 닮았다. 줄기가 길며 진홍색에서 황금색, 주황색에 이르는 다양한 셔벗 색조가 섞여 있다.

베나리스 자이언트 시리즈

오클라호마 새먼

퀸 시리즈

업로어 로즈

스카비오사 플라워 믹스

선보우 믹스

선보우 믹스 나는 사랑스러운 이 작은 꽃을 시험 삼아 길러 보고는 바로 마음을 빼앗기고 말았다. 길고 견고한 줄기 끝에 2~5센티미터 크기의 작은 겹꽃이 황금색과 진홍색, 주황색, 분홍색, 흰색, 장미색, 자주색 등 발랄한 색상으로 피어난다.

업로어 로즈 이 품종은 진정한 정원의 일꾼이다. 줄기가 매우 길고 질병에 강하며 내가 길러본 것 중 가장 생산성 높은 백일홍이다. 강렬한 진홍색 꽃을 피워 고객들의 사랑을 받고 있으며 다른 꽃과 함께 부케에 쓰면 멋지다.

수명을 늘리는 요령

백일홍을 수확할 때가 되었는지 판단하려면 꽃송이에서 20센티미터 정도 아래 부분을 쥐고 줄기를 부드럽게 흔들어본다. 줄기가 축 늘어지거나 많이 휘면 아직 수확할 때가 되지 않은 것이다. 줄기가 단단하고 똑바로 서 있으면 수확해도 좋다. 꽃 수명 연장제를 물에 추가하면 화병에서 7~10일 동안 지속된다.

달리아 모음

내가 길러본 꽃들 중 '카페오레' 달리아만큼 오랜 여운을 남긴 꽃은 드물었다. 거대한 꽃 한 송이만 있어도 멋있는데, 이 아름다운 꽃 수십 송이를 화병에 넘치게 꽂으면 정말 끝내준다. 거대한 꽃송이와 미색에 분홍빛이 섞인 비단 같은 꽃잎이 눈길을 사로잡는다. 달리아가 여름 결혼식에서 가장 많은 요청을 받는 꽃에 속한다는 사실이 놀랍지 않다.

꽃이 너무 커서 어레인지먼트에 넣기가 까다로울 수 있다. 내 해결책은 그냥 달리아가 관심을 독차지하도록 한데 모아놓고 다른 소재를 살짝만 추가하는 것이다. 이 작품은 높이와 너비가 거의 91센티미터로 상당히 큰데, 숨을 멎게 하는 이 꽃을 선보이기에 완벽한 크기다. 위쪽이 무거운 줄기를 가득 꽂았을 때 넘어지지 않을 정도로 안정감 있는 그릇이나 화병을 고르는 것이 중요하다.

필요한 재료

큰 그릇이나 무거운 화병

치킨 와이어 1뭉치

열매가 달린 0.6~1미터 길이의 야생능금 가지 8줄기

초록 잎이 달린 0.6~1미터 길이의 산국수나무 가지 15줄기

씨 꼬투리가 달린 0.6~1미터 길이의 산국수나무 가지 6줄기

'카페오레' 달리아 25송이

'애플블러썸' 달리아 6줄기

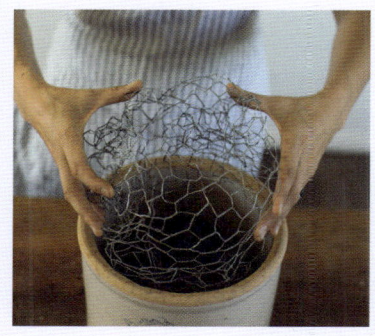

❶ 먼저 화병에 꽃 수명 연장제를 섞은 물을 가득 채운다. 바깥으로 넘어지기 쉬운 묵직한 꽃과 나뭇가지를 고정할 수 있도록, 치킨 와이어를 공 모양으로 뭉쳐 화병 속에 넣는다.

❷ 열매가 더 잘 보이도록 야생능금 가지에서 잎을 제거한 다음 화병 입구를 따라 고르게 배치한다. 줄기가 화병 밖으로 빠져나오지 않도록 단단히 고정해야 한다.

❸ 잎이 달린 산국수나무 줄기를 야생능금 가지와 마찬가지로 아치 모양으로 배치하되 야성능금 열매를 가리지 않도록 주의한다.

❹ 꼬투리가 달린 산국수나무 줄기도 다른 잎 소재 사이사이를 채운다. 이렇게 하면 완성된 어레인지먼트에 가볍고 공기가 통하는 느낌을 준다.

❺ 달리아를 추가한다. '카페오레'처럼 큰 접시만 한 크기의 품종은 머리 부분이 매우 무겁고 꽃잎에 상처가 생기기 쉬우므로 천천히 부드럽게 다룬다. 먼저 화병 가장자리에 가장 많이 휜 줄기들을 배치하여 가장자리 너머로 넘쳐흐르는 것처럼 연출한다. 그런 다음 작품 중앙 부분을 채운다. 더 자연스럽게 보이도록 줄기를 서로 다른 길이로 잘라 한 송이 한 송이가 빛날 수 있는 공간을 주고 일부는 대각선 방향과 뒤쪽을 향해 배치한다. 이 꽃은 어느 측면에서 봐도 아름답다.

❻ 색상을 보완해줄 작은 홑꽃인 '애플블러섬' 달리아를 큰 꽃들 사이사이에 꽂는다.

❼ 뒤로 물러서서 바라본다. 잎이나 꼬투리가 달린 산국수나무 줄기로 모든 빈 공간을 채운다.

여름 석양 꽃꽂이

한여름은 곧 풍성한 정원을 의미하며, 나는 방방마다 꽃을 장식해 이 풍성함을 드러내는 데 최선을 다한다. 정원에서 직접 수확한 싱싱한 꽃만큼 나를 현재의 순간으로 이끌어주는 것은 없다. 채소와 꽃을 조합해 작품 만들기를 좋아한다고 앞에서 이야기했다. 허브와 덩굴에 달린 작은 토마토, 나뭇가지에 달린 덜 익은 열매, 어린 가지, 콩류처럼 화병에 꽂았을 때 아름다워 보이는 훌륭한 식재료들이 많다. 우리 농장을 찾아오는 사람들은 내가 이런 소재들을 작품에 넣으면 항상 여기에 대해 말을 건다. 먹을거리가 포함된 꽃꽂이는 분명 대화를 시작하게 만들어주는 소재다.

나는 '펀킨 스파이스'라 불리는 밝고 보송보송한 달리아를 좋아하는데, 편안한 모양새와 따뜻한 색상 덕분에 눈부신 이 작품의 완벽한 선택이 되어준다. 단추 모양 달리아의 경우 연한 주황색의 '앰버 퀸'이 내가 오랫동안 좋아해온 품종이다. 가벼운 깃털 모양 맨드라미는 빈 공간이나 틈새를 채우기에 완벽하고, 레몬 바질은 작품을 둔 공간에 사랑스러운 감귤향이 감돌게 한다.

필요한 재료

줄기 고정 도구

중간 크기의 물 주전자

잎이 달린 라즈베리 5줄기

덩굴에 달린 체리 토마토 2송이

레몬 바질 7줄기

'펀킨 스파이스' 같은 중간 크기의 달리아 5줄기

'앰버 퀸' 같은 작은 단추 모양 달리아 7줄기

깃털 모양 맨드라미 5줄기

'오클라호마 새먼' 같은 작은 백일홍 4줄기

천일홍 5줄기

❶ 줄기 고정 도구를 물 주전자 속에 넣고 물과 꽃 수명 연장제를 채운다. 이렇게 하면 무거운 줄기를 고정하는 데 도움이 된다.

❷ 주전자 가장자리를 따라 라즈베리 잎을 배치하여 전체적인 모양을 잡아준다.

❸ 체리 토마토 송이를 앞쪽에 배치한 다음 가장자리 너머로 늘어뜨려 돋보이게 한다.

❹ 레몬 바질을 전체적으로 일정한 간격을 두어 추가한다.

❺ 꽃을 배치하기 시작한다. 중간 크기의 달리아가 주인공이므로, 이 꽃들이 잎에 가리지 않도록 앞을 향하게 하여 화병 가장자리를 따라 꽂는다.

❻ 보완해주는 색상의 단추 도양 달리아를 큰 꽃들 사이사이에 끼워 넣는다.

❼ 다른 꽃들 사이사이에 맨드라미를 엮어 넣는다.

❽ 다른 소재들 사이에서 길을 잃지 않도록 백일홍을 다른 꽃들보다 약간 높이 꽂아 넣는다.

❾ 톡톡 튀는 색상이 필요만 곳마다 천일홍을 꽂는다.

핸드타이드 마켓 부케

절화 정원을 가꾸면 좋은 점 중 하나가 주위에 나누어줄 만큼 꽃이 풍부하다는 것이다. 나는 화단을 빠르게 거닐며 꽃을 한 아름 꺾어 가족이나 친구를 위한 선물용 부케를 후다닥 만드는 것을 매우 좋아한다.

농산물 직거래 장터에서나 볼 법한 발랄한 부케를 만드는 가장 간단한 방법은 유럽식 나선형 기법을 대강 따라하는 것이다. 손에 부케를 쥔 채 회전시켜가며 꽃과 잎을 비스듬한 각도로 넣는 방법으로, 풍성하게 완성된 작품이 정원에서 방금 수확했다는 싱싱한 느낌을 살린 완벽한 선물이 된다.

필요한 재료

전지가위

사이잘 노끈

라벤더색 델피니움 4줄기

자주색 바질 5줄기

산당근 5~7줄기

'더블 클릭' 같은 분홍색 겹꽃 코스모스 6줄기

'선보우' 같은 작은 꽃의 자주색 백일홍 8~10줄기

QIS 같은 자주색 천일홍 5줄기

'퀸 레드 라임'처럼 꽃이 큰 백일홍 6~8줄기

센티드제라늄 2줄기

❶ 각 줄기의 아래쪽 잎을 3분의 2 정도 제거한다. 그런 다음 작업대 위에 꽃이 여러분 몸의 반대쪽을 향하게 하여 종류별로 쌓아 놓는다.

❷ 손에 쥐면서 나선형으로 부케를 만든다. 가장 중앙에 놓일 첫 번째 줄기를 제외하고, 나머지 줄기들은 약 25도 각도로 기울여 부케 둘레를 따라 고르게 추가하는데, 이때 꽃을 넣을 때마다 부케를 약간씩 회전시켜 전체적인 균형을 맞춰준다. 참고로 나는 360도 회전하는 동안 대략 5~6줄기씩 추가한다.

❸ 델피니움의 긴 줄기로 시작한 다음, 부케를 회전시키며 바질 줄기를 추가한다.

❹ 바질 다음으로 산당근과 코스모스를 순서대로 꽂아 넣으면서, 그때그때 다발을 계속해서 조금씩 회전시킨다.

❺ 부케 둘레를 따라 작은 꽃의 백일홍을 일정한 간격으로 추가하는데, 이때 비스듬한 각도로 꽂는 것에 유념한다.

❻ 부케 둘레를 따라 남은 델피니움 줄기를 넣어 자리를 잡는다.

❼ 부케를 위에서 내려다보면서 작고 귀여운 천일홍을 곳곳에 꽂아 넣는데, 다른 꽃들보다 약간 솟아올라 도드라지도록 연출한다.

❽ 꽃이 큰 백일홍을 부케 둘레에 가급적 일정한 간격으로 배치한다.

❾ 가장자리를 따라 센티드제라늄을 추가해 부케에 향기를 불어넣는다.

❿ 줄기 아랫부분을 잘라 길이를 일정하게 맞춘다.

⓫ 부케를 작업대에 올려놓는다. 전체를 한 손으로 쥐고 노끈을 몇 차례 감은 다음 간단히 매듭을 지어 묶는다.

AUT

UMN

AUTUMN
수확 마치기 & 정원 쉬게 하기

가을은 언제나 재미난 방식으로 몰래 다가온다. 여름의 풍부함을 더없이 행복하게 누리며 모든 일에 최선을 다하던 어느 날, 한 마디 경고도 없이 하루 아침에 모든 것이 뒤바뀐다. 해가 갑자기 짧아지고 늦은 오후의 그림자가 길어지며 이른 아침 정원에서는 옷을 한 겹 더 껴입어야 한다. 식물들은 더 이상 성장에 에너지를 쓰지 않고 첫 서리가 내리기 전까지 앞다투어 씨앗을 맺는다. 한때 풍요롭게 빛나던 초록 들판은 순식간에 누런색으로 칙칙하게 바뀌고 몇 주 단에 풍경이 몰라보게 변한다.

하지만 정원의 식물 대부분이 빠르게 시드는 동안 몇몇 식물은 이 계절을 헤쳐 나가게 해준다. 달리아는 처음으로 서리가 심하게 내릴 때까지 풍부하게 꽃을 피운다. 호박 밭에서는 밭을 가리고 있던 잎들이 사라지고 비로소 멋진 구조의 초록색과 흰색, 주황색, 황금색 열매가 모습을 드러낸다. 국화는 자신의 역량을 발휘하여 6주가 넘도록 수십 가지 색상과 모양을 지닌 꽃을 믿기 어려울 정도로 풍부하게 피운다.

가을이 진행되면서 내 초점은 기르고 보살피는 일에서 이제 정리하고 정원을 쉬게 하는 쪽으로 옮겨간다. 해야 할 일이 있지만 봄이나 여름과 달리 긴급하지 않으므로, 모두 천천히 해도 된다.

기록하기

지속적으로 기록하는 것은 매우 중요하므로, 나는 언제나 서리가 그해 정원의 증거를 모두 쓸어가기 전인 초가을에 시간을 내어 메모를 한다. 어떤 방법이 통했고, 어떤 방법이 소용없었으며, 다음 해에는 어떤 점을 바꾸고 싶은지 적는다. 몇 개월 뒤에도 자잘한 세부 사항을 모두 기억할 것이라 믿으며 이 단계를 건너뛰고 싶은 유혹이 들겠지만, 잘 적어두면 다음 해를 계획하고 더 큰 성공을 거두는 열쇠가 될 것이다.

정리하기

일 년 중 가장 크고 벅찬 작업이 가을에 정원을 정리하여 휴식하게 하는 일이다. 이 작업은 언제나 어디서부터 어떻게 시작해야 할지 정말 모르겠다. 미루기가 쉽지만 가을에 첫 서리가 내린 직후 그냥 뛰어들어 하는 편이 낫다는 사실을 깨달았다. 이 시기는 날씨를 예측하기 힘든 만큼 날씨가 나빠지기 전에 오래된 식물을 전부 뽑고 관개 호스와 천을 제거하여 저장해두면 안심이 된다.

달리아 캐기

달리아는 추위에 매우 예민하여 아주 따뜻한 지역이 아닌 이상 겨울 동안 땅속에 내버려두면 죽는다. 땅이 단단히 얼어붙지만 않으면 늦가을에서 초겨울로 작업을 미뤄도 안전하지만 나는 조심하자는 뜻에서 가을 서리가 몇 차례 내린 후 맑은 날이 며칠 이어지면 바로 땅에서 캐내는 쪽을 선호한다. 일단 덩이줄기를 캐내면 단열 처리된 차고나 지하실처럼 영하로 내려가지 않는 장소에 보관해야 한다(달리아 캐내기와 나누기, 저장하기에 관해서는 135쪽을 참조한다).

비내한성 다년생 화초 캐서 실내로 들이기

실내로 들여 영상의 온도를 유지하는 곳에 두지 않으면 추운 겨울에 살아남지 못하는 다년생 식물이 몇 종류 있다. 국화와 센티드제라늄이 여기 속한다. 나는 두 식물을 모두 비닐하우스에서 기르므로, 정원의 나머지 구역이 서리로 꺾인 뒤에도 한동안 생산이 이어진다. 생산을 끝낸 뒤 심각한 서리가 닥치고 땅이 얼기 전에 이 식물들을 15센티미터만 남기고 잘라낸 다음 땅에서 캐내어 흙을 채운 화분에 심고 지하실이나 차고, 난방을 최소한으로 하는 온실처럼 추위를 피할 수 있는 장소에 둔다.

땅에 내한성 일년생 화초 씨앗 뿌리기

가을에 씨앗을 심는다는 것이 언제나 이상하게 느껴지지만, 추위에 매우 강한 몇몇 일년생 식물은 봄에 일찍 꽃을 피우려면 이때 심는 것이 이상적이다. 정말 추운 지역에서는 제비고깔과 니겔라를 땅에 직접 심을 수 있으며, 겨울 내내 아무 탈 없이 잘 버틴다. 기후가 더 온화한 지역에서는 레이스 플라워와 조개꽃, 갯능쟁이, 세린데를 가을에 심을 식물 목록에 추가할 수 있다(더 추운 지역에서는 늦겨울에 실내에 둔 파종판에 씨앗을 뿌린 다음, 봄에 정원으로 옮겨 심는다). 나는 첫 서리가 내린 직후 땅에 씨앗을 뿌리는 것을 목표로 한다. 이 씨앗들은 초가을에 얼었다 녹았다를 반복하는 것이 도움이 되며 보통 심은 뒤 10~14일이 지나면 싹을 틔운다. 낮게 잎 무더기를 형성해 겨울을 난 뒤 봄에 꽃대를 풍부하게 올려보낼 것이다.

스위트피 씨앗 뿌리기

기후가 온화한 지역에서는 초가을에 스위트피 씨앗을 화분에 뿌려 온실이나 냉상에서 겨울을 나게 한 다음 이른 봄에 정원에 심는다. 이 방법을 쓰면 식물이 더 무성하게 자라, 늦겨울에서 이른 봄 사이에 씨앗을 뿌린 식물보다 6주 더 빨리 꽃을 피우기 시작한다. 하지만 스위트피가 어느 정도 추위를 견딜 수 있다 해도 영하를 훨씬 밑도는 기온에서는 보호해야 한다는 점을 명심하자. 그렇지 않으면 스트레스를 받거나 죽을 것이다.

봄에 꽃을 피우는 구근 심기

내가 좋아하는 가을 작업 중 하나다. 각각의 작은 구근 안에는 엄청난 가능성과 희망이 들어 있어 언제나 다가올 해를 기대하게 만든다. 추위로 성장이 멈추기 전에 뿌리를 형성하고 자리를 잡을 수 있도록 땅이 깊이 얼기 전에 심는 것이 중요하다. 나는 가을에 첫 서리가 내린 뒤 한 달이 넘기 전에 심으려고 노력한다.

페이퍼화이트와 아마릴리스 화분에 심기

이른 봄에 풍부하게 꽃을 피울 구근식물을 정원에 채우는 것과 더불어, 긴 겨울을 위한 계획을 미리 세우는 것이 중요하다. 나는 차고 한구석에 공간을 마련하여 페이퍼화이트와 아마릴리스처럼 겨울에 꽃을 피우는 구근식물들의 화분을 넉넉히 둔다. 정원이 휴식에 들어간 직후에 심은 다음, 겨울 내내 몇 주 간격으로 화분을 5~6개씩 집 안에 들여 실내에 향기와 색상을 지속적으로 불어넣는다.

다년생 화초와 관목 심기

상록수든 낙엽수든 관목과 다년생 식물을 심기에 대우 좋은 시기는 가을이다. 땅이 깊은 곳까지 얼고 기온이 뚝 떨어지기 최소 6주 전에 땅에 심는 것이 이상적이므로, 초가을을 목표로 한다. 나는 일단 심고난 뒤 뿌리 덮개를 두텁게 덮어 극한 기온으로부터 뿌리를 보호하고 잡초를 최소화한다. 다년생 식물에는 묵힌 퇴비를 5~10센티미터 두께로 덮고, 관목에는 나뭇조각을 10~15센티미터 두께로 덮는다.

토양 테스트하고 수정하기

가을은 토양 샘플을 채취하여 석회나 미량 무기질처럼 추천받은 수정 물질을 땅에 추가하기에 가장 좋은 시기다. 이렇게 하면 영양분이 흙과 섞일 시간이 생겨 결핍된 부분이 해결되고 다음 해의 정원이 더 건강해진다. 더 자세한 내용은 (20쪽의) '토양 테스트하기'와 (27쪽의) '토양에 영양분 주기'를 참조한다.

Autumn Blooms, Edibles & Textural Stems

가을꽃과 식용 소재, 질감이 특이한 줄기

BLACK-EYED SUSANS

루드베키아

루드베키아는 모든 정원에 있어야 할 훌륭한 일꾼이다. 더위를 잘 견디고 손이 많이 가지 않으며 한여름부터 초가을까지 몇 개월 동안 꽃을 꾸준히 풍부하게 피운다. 여름에 꽃을 가장 많이 피우긴 하지만, 내 생각에는 가을이 가장 보기가 좋다. 추수를 연상케 하는 색조의 이 꽃을 곡식과 풀, 해바라기와 섞으면 언제나 훌륭한 조합이 완성된다.

이 식물군은 규모가 크고 선택지가 너무 많아 자제하기 어려울 수 있다. 하지만 절화로서 가장 적합한 품종을 이야기하자면 키가 큰 '루드베키아 히르타'와 매우 풍부하게 꽃을 피우는 '루드베키아 트릴로바'가 있다. 이 품종들은 오랜 기간 동안 엄청난 양의 꽃을 생산하며, 엄밀히 따지면 다년생 식물이지만 둘 다 일찍 씨앗을 뿌려 일년생 식물처럼 기르는 것이 가장 좋다.

기르는 방법

봄에 마지막 서리가 내리기 8~10주 전에 실내에 둔 파종판에서 싹을 틔운 다음 서리의 위험이 모두 지나가면 바깥에 옮겨 심는다. 부피가 꽤 커지는 식물이므로 뻗어나갈 수 있도록 적어도 30센티미터 간격을 두어 햇빛이 잘 드는 곳에 심는다. 여기에 소개한 품종들은 모두 길게 자라므로 제대로 지탱하지 않으면 꽃이 활짝 피었을 때 쓰러질 수 있다. 최상의 결과를 얻으려면 초기에 그물이나 울타리를 치는 것이 좋다.

선호하는 품종

루드베키아 히르타 체로키 선셋 믹스 절화로서 가장 키가 큰 품종에 속하는 믹스로 주황색과 구리색, 황금색, 초콜릿색, 그리고 두 가지 색이 섞인 꽃 등 큰 겹꽃들이 섞여 있다. 전형적인 가을의 빛깔들이다.

루드베키아 히르타 '체리 브랜디' 성공적으로 새롭게 등장한 꽃으로 씨앗에서부터 기를 수 있는 최초의 빨간색 품종이다. 진한 고동빛이 도는 빨간색 꽃잎이 중앙의 진한 초콜릿색 부분을 둘러싸고 있는데 '퀸 레드 라임' 백일홍이나 '아로마토' 바질처럼 분위기 있는 다른 소재들과 멋지게 어우러진다.

루드베키아 히르타 침치미니 믹스 녹슨 듯한 색즈의 믹스로 늦여름에서 초가을에 꽃을 피우는 품종이다. 초콜릿색과 구리색, 녹슨 듯한 빨간색, 황금색, 강렬한 주황색으로 든 꽃송이와 보송한 깃털 모양 꽃잎이 멋지다. 나는 이 품종을 어두운 색 해바라기나 산국수나무 잎과 짝지어 쓰기를 좋아한다.

루드베키아 히르타 '덴버 데이지' 눈길을 끄는 품종으로 황금빛을 띠는 큰 노란색 꽃에 손으로 직접 칠한 것 같은 중앙의 진한 초콜릿색 부분이 멋지다. 똑같은 꽃이 하나도 없으며 색상이 독특하므로 꼭 길러봐야 한다.

루드베키아 히르타 체로키 선셋 믹스

루드베키아 히르타 '체리 브랜디'

루드베키아 히르타 침치미니 믹스

루드베키아 히르타 '덴버 데이지'

루드베키아 히르타 '프레리 선'

루드베키아 트릴로바

루드베키아 히르타 '인디언 서머'

루드베키아 히르타 '인디언 서머' 가장 큰 꽃을 피우는 품종에 속하는 반겹꽃으로, 지름이 10~18센티미터에 이른다. 통학버스 색상의 노란 꽃잎에 중앙의 또렷한 검은색 부분이 포인트가 되어준다.

루드베키아 히르타 '프레리 선' 키가 크고 자유롭게 꽃을 피우는 품종으로, 언제든 부케에 추가하기 좋다. 중앙의 예쁜 연두색 부분을 둘러싸고 진한 노란색과 연노란색이 섞인 꽃잎이 발랄하다.

루드베키아 트릴로바 내가 길러본 루드베키아 중 정말 좋아하는 품종이다. 한여름이면 키가 쉽게 1.6~2미터에 달하며, 한 포기에서 20줄기까지 생산해낸다! 가벼운 느낌의 줄기에서 작은 꽃들이 피어나며 어레인지먼트에 추가하면 행복감과 희망을 안겨준다.

수명을 늘리는 요령

꽃을 피우기 시작했을 때 수확할 경우 꽃 수명 연장제를 쓰면 7~10일의 수명을 기대할 수 있다. '지저분한 꽃'으로 불리는 루드베키아는 몇 시간 안에 물을 탁하게 만드는 것으로 악명이 높다. 이를 방지하고 수명을 크게 늘리려면 물에 표백제를 몇 방울 떨어뜨린다.

CABBAGES AND KALES

양배추와 케일

가을이 진행되면서 날씨가 축축해지며 추워지고, 서리가 내리면 정원에 예뻐 보이는 꽃은 거의 없다. 하지만 이 시기는 바로 장식용 양배추와 케일이 가장 좋을 때로, 시즌 후반의 이 일꾼들을 정원의 작은 밭에 심으면 다른 꽃 재료들이 대부분 시든 후에도 오랫동안 어레인지먼트를 만들 수 있다. 나는 깊게 주름진 케일 잎을 국화와 들장미 열매, 마른 꼬투리와 조합해 화병에 꽂거나 장미를 닮은 장식용 양배추 꽃을 가을 분위기 나는 리스에 엮어 넣기를 좋아한다.

기르는 방법

가을의 첫 서리가 내리기 3개월 전쯤인 한여름에 실내의 파종판에서 싹을 틔운다. 본잎이 2쌍 나면 정원의 햇빛이 잘 드는 곳에 옮겨 심는다(31쪽 '싹 틔우기의 기초' 참조). 케일은 꽤 크게 자라므로 뻗어나갈 수 있도록 30~46센티미터 간격을 둔다. 장식용 양배추는 반대로 접근해야 한다. 작고 더 쓰임새 있는 줄기를 얻을 수 있도록 화단에 10~15센티미터 간격으로 빽빽하게 심는다.

장식용 양배추는 줄기가 곧게 자라고 식물이 쓰러지지 않도록 반드시 그물을 일찌감치 쳐야 한다. 키가 커지면 해충 관리가 쉽도록 아래쪽 잎을 정기적으로 제거하는 것도 중요하다. 케일은 특별히 보살필 것이 없다.

장식용 양배추는 진딧물 피해를 잘 입는다. 병충해가 심하면 진딧물이 사라질 때까지 살충 비누(미국이라면, 나는 '세이퍼Safer' 브랜드를 선호한다)를 매주 뿌린다. 애벌레가 문제일 경우 바실러스 투린지엔시스균을 약병에 표기된 지시 사항에 따라 뿌린다. 두 방법 모두 유기적이며 반려동물과 어린이에게 안전하다.

선호하는 품종

크레인 시리즈 장식용 양배추 최근 몇 년 동안 수많은 새 양배추 품종이 상업용 절화를 목적으로 교배되었다. 나는 거의 모두 길러봤는데, 꾸준히 성장하는 습성과 사랑스러운 색상 덕분에 이 시리즈를 매우 좋아하게 되었다. 이 식물은 날씨가 서늘해짐에 따라 색이 발달한다. '크레인 레드'는 잎이 청록색이고 중앙 부분이 밝은 자주색이며, '크레인 로즈'는 푸른빛을 띠는 초록색 잎에 중앙 부분이 밝은 자주색이고, '크레인 페더 퀸 레드'는 주름 장식 모양의 자주색 잎이 달리고, '크레인 화이트'는 초록색에서 시작해 성장하면서 미색으로 변한다.

'레드보' 케일 진한 자주색에 주름 장식 모양의 잎이 달린 품종으로 정원에 심으면 아름다우며(그리고 맛있다) 식재료로 활용하거나 시즌 후반의 여러 부케에 바탕으로 쓸 수 있을 만큼 충분한 양이 생산된다. 날씨가 추우면 잎의 색이 선명해진다.

'윈터보' 케일 옛 정원에서 항상 볼 수 있었던 주름 장식의 청록색 품종으로, 어떤 소재와 짝지어도 잘 어울려 대부분의 늦가을 부케에 바탕으로 쓰인다. 먹을 수도 있다.

수명을 늘리는 요령

케일은 잎이 크고 단단할 때 수확하여 줄기 아래쪽 잎을 3분의 1 정도 제거한다. 양배추는 장미 꽃송이 같은 모양을 이루면 언제든 수확해 아래쪽의 남은 잎을 모두 제거한다. 양배추와 케일 모두 화병에서 2주 가까이 지속되지만 며칠만 지나면 물에서 좋지 않은 냄새가 난다. 꽃 수명 연장제를 쓰면 도움이 되지만 며칠에 한 번씩 물을 갈아주는 것이 좋다.

크레인 레드

크레인 화이트

크레인 화이트

크레인 페더 퀸 레드

'레드보' 케일

크레인 화이트

크레인 로즈

크레인 화이트

'윈터보' 케일

CHRYSANTHEMUMS

국화

전문적으로 꽃을 기르기 시작해 처음 몇 년간 나는 고객들로부터 국화에 대해 부정적인 이야기만 들었다. 형편없는 취향이나 한물간 플라워 디자인을 나타내는 값싼 국화 한 다발은 어디에서나 구할 수 있었고, 조금이라도 격이 있는 사람은 국화 사용을 고려하지 않았다.

국화도 다른 여러 꽃들과 마찬가지로 현대화와 집중 재배의 희생양이 되었고, 결과적으로 이 꽃을 특별하게 만들어주는 특성을 모두 잃었다. 나 역시 국화를 낮게 평가하고 있었지만 필라델피아의 한 도시 화훼 농장을 방문해 그전까지 보지 못했던 전통 품종의 국화 밭을 처음 본 후 생각이 바뀌었다. 크게 부풀어 오른 꽃송이와 독특한 깃털 모양 꽃잎, 부드러운 색상이 그때까지 알고 있었던 일반 국화와는 달리 사랑스러운 모습이었다. 그전까지는 아름다움과 독특함을 국화와 연관 지어 본 적이 한 번도 없었다.

나는 오래된 국화 품종들이 열정을 지닌 이들에 의해 전 세계의 뒤뜰과 화훼 농장, 테라스에 숨은 채 살아남아 왔음을 거의 알지 못했다. 이 식물의 숨은 마법을 발견한 뒤 나는 구할 수 있는 모든 국화 품종을 기르기 위해 온실 하나를 통째로 할애했으며 그 이후로 계속해서 국화를 칭송하고 있다.

기르는 방법

국화는 추위에 강하지 않으므로 매년 봄 꺾꽂이한 모종을 새롭게 구입한다. 봄의 마지막 서리가 내리기 5~6주 전에는 모종을 받는 것이 좋으며, 마지막 서리가 내리고 나서 땅에 심을 즈음엔 단단해지도록 10센티미터 깊이의 화분에 심어 온실처럼 밝고 보호되는 공간에 둔다.

선택 가능한 품종이 매우 많은데, 여름이 끝날 때쯤 일찍 꽃을 피우는 품종도 있고 겨울이 오기 직전에 꽃을 피우는 품종도 있다. 가벼운 서리는 몇 차례 견딜 수 있지만 추가로 보호 장치를 해주는 것이 좋다. 나는 난방을 하지 않는 비닐하우스에 심지만, 공간에 제한이 있다면 큰 화분에 심은 다음 심각한 서리가 예상될 때 지붕이 있는 현관처럼 비바람이 들이치지 않는 장소로 옮긴다.

부피가 꽤 커지므로 햇빛이 잘 드는 곳에 30~46센티미터 간격으로 심어야 하며 처음부터 튼튼한 지지대를 세워주어야 한다. 몇 포기만 기른다면 자라면서 묶어줄 수 있도록 아래쪽 근처에 튼튼한 기둥을 세우는 것이 좋다. 나는 수백 포기를 기르므로 편의상 무거운 금속 T자형 기둥에 꽃 그물을 설치하여 무성하게 자라는 식물에 울타리를 친다(자세한 내용은 37쪽의 '막대 세우기'를 참조한다).

초여름에는 식물을 15~20센티미터 길이로 자른다. 이렇게 하면 아래쪽에서 왕성하게 줄기가 나뉘어 꽃의 생산량이 기하급수적으로 늘어난다. 국화 기르기에 대한 많은 자료를 읽어보면 열정 넘치는 이들이 적용해볼 만한 수많은 기법들이 있지만, 나는 이른 여름에 간단히 줄기를 잘라주는 것만으로도 생산량이 늘어난다는 사실을 발견했다.

국화는 가을에 진딧물이 생기기 쉽다. 병충해가 심각하다면 진딧물이 사라질 때까지 매주 살충 비누(나는 미국의 '세이퍼' 브랜드를 선호한다)를 뿌린다. 가끔은 애벌레도 문제가 되는데, 양배추와 마찬가지로 바실러스 투린지엔시스균으로 방지한다.

브론즈 플리스

캔디드

선호하는 품종

브론즈 플리스 나는 아네모네처럼 생긴 작은 꽃을 왕성하게 피우는 이 품종을 좋아한다. 작고 보송보송한 호박색 꽃이 줄기마다 수십 송이씩 가득 피는데 다른 가을 빛깔의 꽃들과 조합하면 멋지다.

캔디드 내가 길러본 것 중 가장 훌륭한 진한 빨간색 품종으로, 어레인지먼트에 완벽하게 활용하기 좋은 큰 꽃가지를 풍부하게 생산한다.

헤더 제임스 이 거대한 꽃은 내가 길러본 어떤 품종보다 줄기를 많이 생산한다. 녹슨 듯한 색상의 두툼한 꽃이 멋진 질감을 자랑하며 화병에서 2주까지 지속된다.

주디스 베이커 나는 가벼운 느낌의 이 진한 구릿빛 꽃을 처음 보았을 때 그 자리에 멈춰 섰다. 손바닥 크기만 한 꽃은 풍부한 구리색과 따뜻한 황금색이 멋지게 섞여 있으며 다른 예쁜 가을꽃들과 매우 잘 어울린다. 나는 이 품종만 한데 모아 장식하는 것도 좋아한다.

니진 비고 안으로 말린 형태의 품종으로, 바깥쪽의 금색과 꽃잎 안쪽의 빨간색이 세련된 대조를 이룬다. 색상 조합 덕분에 가을에 꼭 있어야 하는 다부진 꽃이다.

시튼스 토피 커다란 꽃은 진한 구릿빛에 꽃잎은 흥미로운 튜브 모양이며, 줄기는 견고하다. 가을의 대표적인 꽃이다.

수명을 늘리는 요령

꽃이 절반에서 3분의 2 정도 피었을 때 줄기를 수확한 다음 화병에 꽂았을 때 물에 잠길 만한 잎을 모두 제거한다. 국화는 화병에서 매우 오래 지속되며 꽃 수명 연장제를 쓰면 2주를 넘기는 경우도 많다.

헤더 제임스

주디스 베이커

니진 비고

시튼스 토피

FRUITING BRANCHES

열매가 열리는 나뭇가지

가을이 주는 선물 중 하나는 부케에 쓸 만한 열매 달린 나뭇가지를 풍부하게 얻을 수 있다는 것이다. 베리류가 가득 달린 무거운 줄기가 흥미로운 질감을 더해주니, 모든 어레인지먼트에 넣지 않을 도리가 없다.

기르는 방법

아래 소개할 관목과 덩굴들은 기르기가 쉽고 대다수 기후에서 잘 자란다. 햇빛이 충분히 들고 배수가 잘 되는 곳을 골라야 하며 자라면서 마음껏 뻗어나갈 수 있도록 적어도 2미터 간격을 둔다. 화분에 심긴 상태의 식물을 심는다면 가을이나 이른 봄에, 뿌리 상태의 관목을 구입한다면 겨울에 심는 것이 가장 좋다.

선호하는 품종

노박덩굴 활기 넘치는 덩굴로, 자유롭게 뻗어나간 긴 줄기에 가득 달려 있던 노란색 봉오리가 가을에 활짝 열리면 밝은 주황색 열매가 드러난다. 왕성하게 성장하기 때문에 일부 지역에서는 유해한 잡초로 분류되는 만큼, 여러분 지역의 규제를 알아보고 주의해서 심는다. 덩굴에 견고한 격자 구조물을 설치해준다. 꽃가루 매개체가 있어야 열매를 맺을 수 있으니, 암그루 10그루마다 수그루를 하나씩 심는다(잘 모르겠다면 가까운 묘목장에 문의한다). 지난해에 성장한 부분에서 열매가 발달하므로 가지치기를 지나치게 많이 하지 않는다.
수명을 늘리는 요령 열매 꼬투리가 활짝 열리기 전 아직 초록빛이 섞인 노란색일 때 수확하여 잎을 모두 제거한다. 싱싱할 때 사용한 다음 화병 속이나 따뜻하고 건조한 장소에 두어 말릴 수도 있다. 마른 줄기는 신경 써서 다뤄주면 여러 해 동안 지속된다.

포도 땅 경계를 따라 몇 그루 심으면 늦여름부터 가을까지 먹기도 하고 부케에 추가할 수도 있는 열매를 한 가득 얻을 수 있다. 날씨가 추워지면 단풍 모양의 큰 잎이 초록색에서 황금색, 붉은 주황색으로 변했다가 떨어진다. 잎과 열매가 사라진 뒤 신축성 있는 목질 줄기를 잘라 둥글게 감으면 훌륭한 리스 바탕이 된다. 이른 봄에 심은 뒤 견고한 격자 구조물을 세워 기어오를 수 있게 한다. 30년까지 사는 포도 덩굴도 있다.
수명을 늘리는 요령 완전히 익기 전에 수확한다. 그렇지 않으면 포도 알이 줄기에서 떨어져 지저분해질 것이다. 어레인지먼트에 쉽게 추가할 수 있도록 가지가 긴 포도송이를 찾는다(짧은 줄기도 키가 작은 작품에 쓸 수 있다). 초록색일 때 수확하면 열매가 화병에서 4~5일 지속될 것이다. 색이 멋지게 변하는 잎 소재도 작품에서 훌륭히 제 역할을 한다. 잎에 색이 나면 언제든 수확하여 국화와 들장미 열매, 장식용 양배추 등 다른 가을 소재와 조합한다.

이페리쿰 관리가 별로 필요 없는 관목 형태의 다년성 식물로 품종에 따라 늦여름에서 초가을에 빨간색과 주황색, 분홍색, 복숭아색, 갈색, 노란색, 흰색 등 밝은 색상에 질감이 매끈한 베리류가 풍성하게 달린다. 빨리 자라는 식물로 최근 1년 동안 자란 부분에서 열매를 생산하므로, 봄에 심으면 재배 첫해에 열매를 얻을 수 있다. 45~60센티미터 간격을 두어 심는다. 나는 잎의 색이 진한 품종인 '앨버리 퍼플'과 주황빛이 섞인 체리색 열매를 맺는 '오렌지 플레어'를 좋아한다.
수명을 늘리는 요령 열매의 색이 변하기 시작할 때 수확한다. 화병에서 2주까지 지속된다. 수명 연장제는 필요 없다.

들장미 열매 가시가 있어서 수확할 때는 아무리 조심해도 매번 통증이 따르지만 크게 부풀어 오른 들장미 열매보다 더 아름다운 존재는 드물다고 생각한다. 나는 향기롭고 통통한 꽃을 얻기 위해 장미를 수백 그루 재배하는 것은 물론, 가을에는 열매를 위해 들장미를 엄청나게 많이 기른다. 2미터 길이의 거대한 '로사 듀폰티'는 분홍빛이 도는 미색의 홑꽃을 피운 뒤 작고 길쭉한 주황색 열매 수백 개를 맺는다. 푸른빛이 도는 자주색 잎의 '로사 글라우카'는 꽃이 지면 초콜릿 색상의 독특한 열매가 달렸다가 서서히 주황빛을 띠는 빨간색으로 변해간다. 추위와 질병에 강하고 꽃을 반복해서 피우는 '로사 루고사' 품종은 꽃잎이 떨어지면 아름다운 초록색과 주황색, 빨간색의 토마토 모양 열매를 생산한다.

수명을 늘리는 요령 쪼글쪼글해지기 전 아직 통통할 때 열매가 달린 줄기를 수확하여 잎을 모두 제거한다. 꽃 수명 연장제 없이도 화병에서 일주일 이상 지속된다.

스노우베리 원산지는 미국이지만 전 세계적으로 구할 수 있는 관목으로, 기르기가 쉬우며 가을에 익으면 분홍색과 흰색 열매를 가득 맺는다. 해가 충분히 드는 곳이나 약간 그늘이 있는 곳에서 잘 자라며 땅속의 뿌리줄기를 통해 빠르게 번식한다. 최근 1년 동안 자란 부분에서 열매를 맺으므로 봄에 심으면 첫 가을에 열매가 발달한다. 60~91센티미터 간격을 두어 심는다. 나는 선택 가능한 수많은 품종 중에서 자줏빛을 띠는 분홍색의 큰 열매가 열리는 '아메시스트'를 특히 좋아하는데, 질병에 강하고 아치 모양의 긴 줄기를 풍부하게 생산한다.

수명을 늘리는 요령 열매가 쪼그라들기 전 통통할 때 줄기를 수확한 다음 아래쪽 잎을 제거한다. 꽃 수명 연장제 없이도 화병에서 일주일 동안 지속된다.

GRAINS & PODS

곡식 & 꼬투리

나는 멋지고 로맨틱한 꽃을 기르는 것을 좋아하지만 잡초 같고 야생의 느낌을 주는 부케 재료를 재배하는 일도 매우 즐겁다. 이 독특한 질감의 재료들은 어떤 장식에든 늦가을의 소박한 매력과 함께 흥미와 깊이를 더해준다. 한여름에서부터 가을까지 소재를 풍부하게 생산하는 식물들이다.

선호하는 품종

아마란스 나는 시장에서 볼 수 있는 모든 아마란스를 길러봤는데, 매년 심을 만한 가치가 있는 품종은 몇 종류뿐임을 알게 되었다. 늘어진 형태의 초록빛 '에메랄드 태슬'은 부케에 항상 쓰이는 소재로 매우 극적인 느낌을 주며 커다란 장식에 활용하면 기가 막히게 멋지다. '오포페오'는 곧게 자라는 진홍색 품종으로 다른 종류보다 빨리 성숙한다. '핫 비스킷'은 황금빛을 띠는 멋진 갈색 품종으로 가을 부케에 쓰면 멋지다. '코럴 파운틴'은 늘어진 형태의 아름다운 분홍색 품종으로 빛이 바래고 해진 벨벳처럼 보인다.

기르는 방법 봄의 마지막 서리가 내리기 4~6주 전에 실내의 파종판에서 싹을 틔운 다음 서리의 위험이 모두 지나가면 바깥에 옮겨 심는다. 서리의 위험이 모두 지난 후 정원에 직접 씨앗을 뿌릴 수도 있다. 30센티미터 간격으로 심은 뒤 키가 20~25센티미터 정도 되면 충분히 순치기를 해 줄기가 나뉘고 좀 더 쓰기 좋은 크기로 자라게 한다(37쪽의 '순치기' 참조).

수명을 늘리는 요령 씨 꼬투리가 커지고 색이 진해졌을 때 수확한다. 잎은 거의 제거해서 시드는 것을 막고 꽃의 질감을 드러낸다. 꽃 수명 연장제를 쓰면 7~10일 정도의 수명을 기대할 수 있다.

크레스 Lepidium sativum 'Wrinkled Crinkled' 꽃을 빨리 피우고 공간을 채워주는 소재로 쓰이는 크레스는 부케는 물론 부토니에나 화관처럼 정교한 작품에 꼭 필요하다. 길고 견고한 줄기에 아름다운 은빛 꼬투리가 가득 달리며, 잘 시들거나 부스러지지 않는다. 씨앗을 뿌린 뒤 두 달이면 소재를 풍부하게 생산하는 최고의 일꾼이다.

기르는 방법 크레스는 매우 빨리 싹을 틔우므로 봄의 마지막 서리가 내린 날부터 이른 여름까지 2~3주 간격으로 정원에 직접 씨앗을 뿌리면 꾸준히 생산 가능하다.

수명을 늘리는 요령 씨 꼬투리가 완전히 형성되고 맨 위쪽의 꽃이 졌을 때 수확하면 7~10일의 수명을 기대할 수 있다. 싱싱한 상태로 어레인지할 수도 있으며, 말리기가 쉬워 가을 부케와 리스에 추가하면 환상적이다. 말리려면 직사광선이 들지 않는 따뜻하고 건조한 공간에 몇 주, 혹은 만져보아 딱딱해질 때까지 거꾸로 매달아둔다.

아마 Linum usitatissimum 나는 이 식물을 여러 해 동안 기르고 있는데 지금도 친구네 정원에서 처음 발견했을 때만큼 좋아한다. 씨앗을 맺은 우아한 줄기가 부케에 반짝임을 더하며, 해바라기와 짝을 지으면 멋지다.

기르는 방법 봄의 마지막 서리가 내리기 4주 전에 실내에서 싹을 틔운 다음 서리의 위험이 모두 지나가면 바깥에 옮겨 심는다. 수확이 중단되지 않도록 한여름에 2~3주 간격으로 새 씨앗을 뿌린다. 간격은 5~10센티미터로 한다.

수명을 늘리는 요령 꽃에서 꽃잎이 떨어지고 초록색 씨 꼬투리만 남으면 바로 수확할 수 있다. 이렇게 하면 화병에서 10일까지 지속되며 수명 연장제는 필요 없다. 초록색일 때 밭 전체를 수확할 수 없다면 가을 어레인지먼트를 위해 황금색으로 변했을 때 수확해 말려도 좋다. 말리려면 직사광선이 닿지 않는 따뜻하고 건조한 곳에 몇 주, 혹은 만져보아 딱딱해질 때까지 거꾸로 매달아둔다.

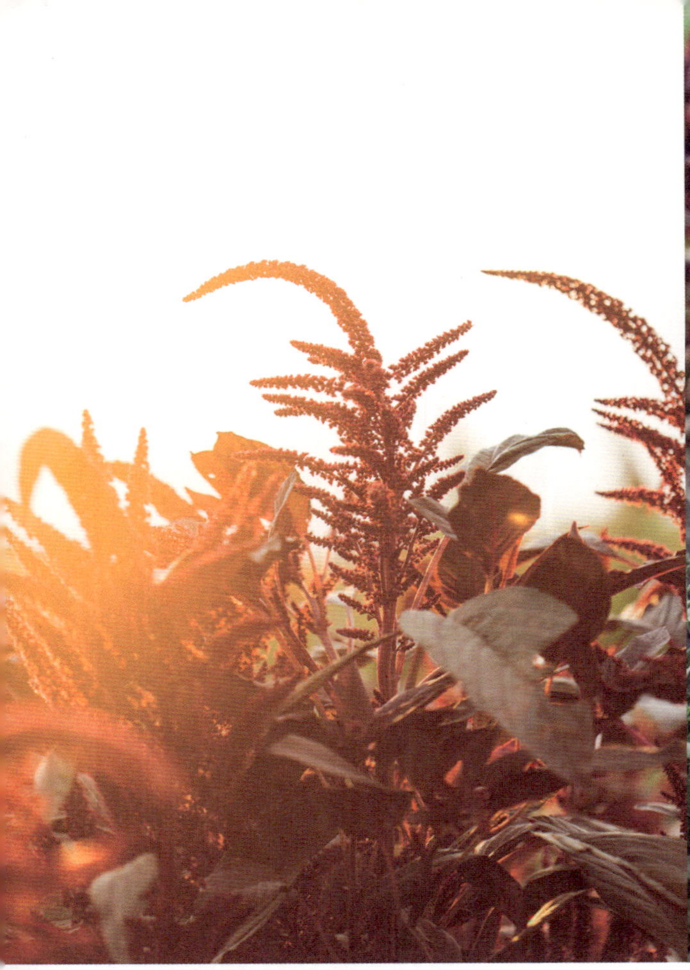
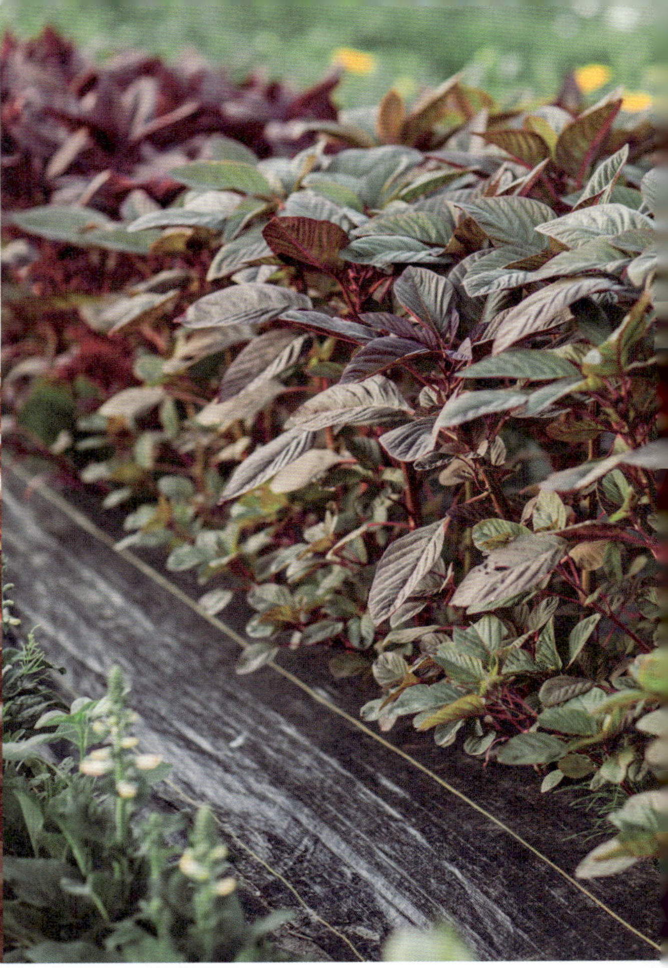
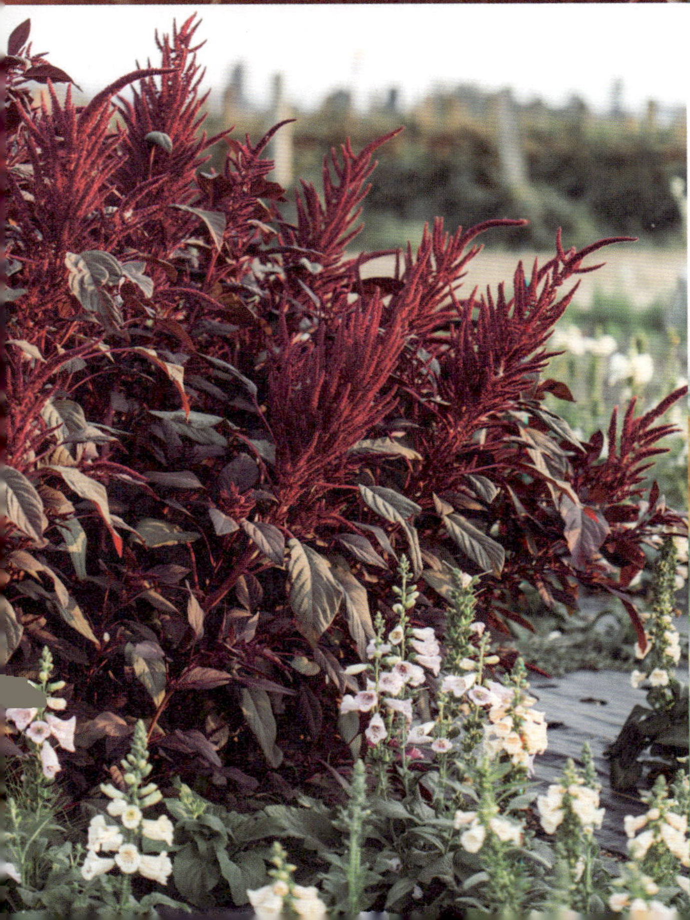
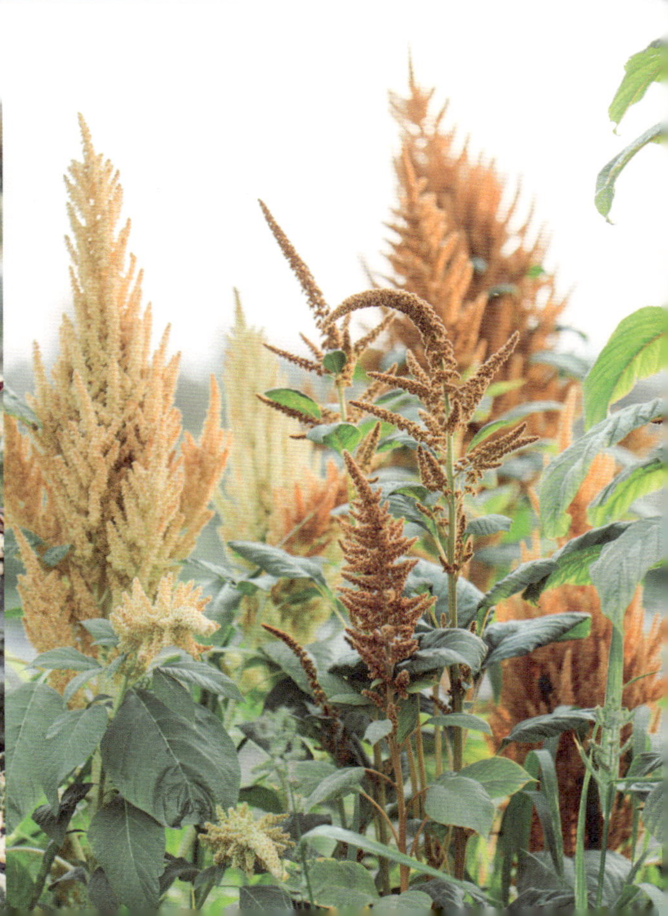

ORNAMENTAL GRASSES

장식용 풀

어레인지먼트에 예상치 못한 마법을 부리는 가장 빠르고 손쉬운 방법은 장식용 풀을 몇 줄기 꽂아 넣는 것이다. 부케에 독특한 시각적 재미를 더할 뿐 아니라 가뭄에 강하고, 기르기 쉬우며, 한 번 심으면 몇 개월 동안 꽃을 피운다.

선호하는 품종

패니쿰 Panicum elegans 'Frosted Ezplosion' 내가 길러본 것 중 가장 생산성 높은 품종이다. 한 컨 심으면 6주에 걸쳐 다량의 줄기를 계속해서 만들어낸다. 길고 빳빳한 초록색 줄기 끝에 반짝이는 은색 씨 꼬투리가 달려 있어 꼭 광섬유 같다. 여름에 오랜 기간 동안 수확하려면 한 달 정도 간격을 두어 3번 연속으로 심는다.

기르는 방법 봄의 마지막 서리가 내리기 6주 전에 실내에서 파종판에 싹을 틔운 다음 서리의 위험이 모두 지나가면 바깥에 옮겨 심는다. 간격은 30센티미터로 한다.

수명을 늘리는 요령 막 생기기 시작했을 때부터 완전히 열릴 때까지 거의 모든 단계에서 씨 꼬투리를 수확할 수 있다. 줄기가 더 많이 성숙할수록 씨 꼬투리가 더 활짝 열린다. 화병에서 10~14일 동안 지속되며 꽃 수명 연장제는 필요 없다.

조 나는 이 과에 속하는 장식용 풀이 좋아서, 매 시즌 다양한 품종을 기른다. 내가 좋아하는 품종은 '하이랜더'와 '레드주얼', '세타리아 매크로스타치야'이다. 모두 생산성이 좋고 기르기가 쉬우며 부케에 추가하면 멋스럽다.

기르는 방법 조는 따뜻한 흙에서 빨리 싹을 틔우므로 (파종판에서 싹을 틔우지 않고) 봄의 마지막 서리가 내리는 날부터 이른 여름까지 몇 주 간격으로 바깥에 직접 씨앗을 뿌리면 여름과 가을에 넉넉히 수확할 수 있다.

수명을 늘리는 요령 껍질에서 씨앗이 드러나면 언제든 수확할 수 있지만 색이 바래거나 작은 씨앗들이 떨어지기 전에 수확한다. 조는 화병에서 매우 오래 지속되며 수명 연장제를 쓰면 2주까지 지속된다. 말려서 쓸 수도 있는데, 따뜻하고 어두운 장소에 몇 주 동안 혹은 완전히 마를 때까지 거꾸로 매달아둔다.

기장 이 독특한 풀은 길러서 수확하는 모든 순간이 즐거운 품종 중 하나다. 진한 초록빛에 끝부분이 검정색인 꼬투리가 튼튼한 줄기에서 뻗어 나와 아치 모양으로 축 늘어진 모습이 미니 수수를 닮았다. 우아하게 늘어진 술 모양의 소재를 늦여름과 가을 부케에 추가하면 멋지다. 한 번 심으면 몇 주 동안 풍부하게 얻을 수 있다.

기르는 방법 봄의 마지막 서리가 내리기 6주 전에 실내의 파종판에서 싹을 틔운 다음 서리의 위험이 모두 지나면 바깥에 옮겨 심는다. 간격은 30센티미터로 한다.

수명을 늘리는 요령 꼬투리가 막 생기기 시작했을 때부터 완전히 늘어질 때까지 어느 단계에서든 수확할 수 있다. 익으면서 줄기가 더 길어지고 색이 깊어진다. 화병에서 7~10일 동안 지속되며 수명 연장제는 필요 없다.

수크령 이 아름다운 풀은 몇 년 동안 내 정원의 기둥이었다. 한 번 심으면 거의 3개월 가까이 꽃을 피우며 많이 수확할수록 더 많은 양을 생산한다. 흰색에 솜털이 보송보송한 씨 꼬투리가 화병에서 춤을 추는 것처럼 보이며 국화나 달리아와 조합하면 아름답다.

기르는 방법 봄의 마지막 서리가 내리기 6주 전에 실내의 파종판에서 싹을 틔운 다음 서리의 위험이 모두 지나면 바깥에 옮겨 심는다. 간격은 30센티미터로 한다.

수명을 늘리는 요령 씨 꼬투리가 보이자마자 수확해야 한다. 화병에서 7~10일 동안 지속되며 꽃 수명 연장제는 필요 없다.

PERENNIALS

다년생 화초

가을에 꽃을 피우는 정원의 다년생 화초들로부터 소재를 넉넉히 얻으면 재배 시즌이 끝날 때까지 아름다운 부케를 만들 수 있다. 다년생 화초는 꽃을 풍부하게 피우고 별다른 관리가 필요하지 않다는 특성 덕분에 가을의 필수 작물로 꼽힌다. 여기에 나열한 품종들은 기르기 매우 쉬우며 정원의 다른 식물들이 시들기 시작할 때 많은 꽃을 우리에게 안겨준다.

기르는 방법

다년생 식물은 이른 가을에 심는 것이 가장 좋은데, 추운 날씨가 오기 전에 자리를 잡을 수 있도록 적어도 첫 서리가 내리기 4주 전에는 심어야 한다. 봄에 심을 수도 있지만 가을에 심는 경우보다 첫 해의 수확이 훨씬 적을 것이다. 일반적으로 다년생 식물은 충분히 성숙하기까지 2~3년이 걸린다. 여러 해 동안 정원에 있을 것이므로 좋은 장소를 골라 일찌감치 잡초를 관리하는 것이 중요하다. 나는 가을에 심은 뒤 잡초가 싹을 틔우지 못하도록 뿌리 덮개를 최소 5센티미터 두께로 두껍게 덮은 다음 봄에 면밀히 지켜보며 철저히 관리한다. 여기에 나열한 모든 식물은 부피가 꽤 커지므로 최상의 결과를 내려면 30~46센티미터 간격을 두어야 한다. 일년생 식물보다 씨앗에서부터 싹을 틔우기가 훨씬 어려우므로 이미 자리를 잡은 식물에서 시작한다. 다음 품종들은 빨리 자라며 포기를 나누어 증식시키기가 쉽다. 별다른 언급이 없는 경우, 모두 햇빛이 충분히 드는 곳에서 잘 자란다.

선호하는 품종

과꽃 이 전통적인 꽃은 한 해의 대부분 동안은 양치식물처럼 생긴 잎이 무리지어 있는 것처럼 보인다. 하지만 해가 짧아지고 기온이 떨어지면 공기처럼 가벼운 느낌의 별 모양 꽃을 잔뜩 피워 눈길을 사로잡는다. 성긴 줄기가 가을 부케의 공간을 채워주는 완벽한 소재가 되고, 파란색과 자주색, 흰색, 분홍색, 자홍색 등 매우 다양한 색을 자랑한다. 나는 꽃 중앙의 빨간 부분과 연분홍색 꽃잎이 어두운 색조의 잎과 멋지게 대조를 이루는 '레이디 인 블랙'을 특히 좋아한다.

수명을 늘리는 요령 줄기에 꽃들이 4분의 1 정도 피었을 때 수확하여 꽃 수명 연장제를 넣은 물에 꽂는다. 5~7일의 수명을 기대할 수 있다.

꽈리 내가 길러본 것 중 가장 인기가 많은 가을 품종에 속하는 독특한 식물로, 날씨가 추워지면 밝은 주황색으로 변하는 꼬투리가 줄기에 가득 달린다. 눈길을 사로잡는 이 절화는 중국의 전통적인 등을 닮았으며 말리면 여러 해 동안 지속된다. 왕성하게 자라며 땅속 뿌리줄기를 통해 번식하므로 마음껏 뻗어나갈 공간이 없다면 큰 화분에 기른다.

수명을 늘리는 요령 꼬투리가 주황색으로 변하면 줄기를 완전히 잘라 수확한 다음 잎을 모두 제거한다. 화병에서 2~3주 동안 지속된다. 말리려면 따뜻하고 어두운 곳에 몇 주 동안 거꾸로 매달아둔다. 마르고 나면 몇 년간 유지될 것이다.

가을꽃과 식용 소재, 질감이 특이한 줄기

꽈리

과꽃

세덤　　　　　　　　　대상화

대상화 가는 줄기 꼭대기에서 바람에 나풀거리는 우아한 꽃 때문에 보통 바람꽃이라 불린다. 이 가을꽃은 두 달이 넘도록 흰색과 분홍색, 자주색 등 파스텔 색상의 꽃을 계속해서 피운다. 홑꽃부터 반겹꽃, 겹꽃까지 꽃의 모양도 다양하다. 일단 자리를 잡으면 땅속 뿌리줄기를 통해 서서히 번식하며 약간 그늘진 곳에서 잘 자라지만 물만 적절히 공급하면 햇빛이 잘 드는 곳에서도 버틸 수 있다. 선택 가능한 품종이 수십 가지에 이르는데, 나는 반짝이는 흰색 꽃에 노란색 수술이 돋보이는 '오노린 조베르'와 연분홍색의 컵 모양 홑꽃이 어떤 가을꽃보다도 우아한 '로우버스티사이머'를 특히 좋아한다.

수명을 늘리는 요령 개화하자마자 수확해야 하는 대부분의 꽃들과 달리 대상화는 활짝 핀 상태에서 꽃가루를 만들어내기 전에 수확해야 한다. 그렇지 않으면 축 늘어지는 경향이 있다. 피어 있던 꽃이 지면 줄기의 다른 꽃들이 서서히 피어나며, 꽃 수명 연장제를 쓸 경우 장식이 일주일 동안 지속된다.

세덤 돌나물로도 불리며 가뭄에 강하고 기르기 쉬운 조경용 꽃으로, 늦여름과 초가을 부케의 공간을 훌륭히 채워준다. 가장 널리 기르는 품종은 '어텀 조이'지만 선명한 분홍색의 '먼스테드 다크 레드'와 진한 장밋빛의 '어텀 파이어' 등 찾아볼 만한 다른 품종들도 많다.

수명을 늘리는 요령 꽃이 아직 초록색일 때 수확하여 쓸 수 있지만 활짝 피었을 때나 그 이후에도 리스에 잘 어울린다. 또한 줄기가 단단하고 수명 연장제 없이도 2주까지 지속되는 놀라운 수명을 자랑하며 잘 시들지도 않아 물 없이도 며칠 동안 성공적으로 쓸 수 있다.

가을꽃과 식용 소재, 질감이 특이한 줄기

PUMPKINS, SQUASH & GOURDS

호박, 스쿼시, 박

겨울 호박에 대한 나의 깊은 사랑은 고등학생 시절 농산물 가판대에서 일하면서 시작되었다. 매년 가을 날씨가 추워지고 잎이 변하기 시작하면 모양과 크기, 색이 제각각인 호박과 스쿼시, 박 수천 개가 든 통을 가득 실은 평상형 트럭이 주차장으로 들어온다. 나는 가판대를 꾸미고 입구 쪽의 거대한 장식 설치를 돕는 역할을 맡았다.

남편과 내가 집을 샀을 때 정원에 첫 번째로 심은 식물 중 하나가 바로 겨울 호박인데, 이미 수많은 종류를 기르고 있으나 매년 새롭게 좋아하게 된 품종을 추가한다. 아름다운 장식이 될 뿐 아니라 좋은 식품도 된다. 공간만 있다면 분명 재배할 만한 가치가 있다.

기르는 방법

호박은 대식가이므로, 잘 자라서 많이 생산하려면 무기질이 풍부한 토양이 필요하다. 나는 땅을 준비할 때 호박을 심을 구멍마다 퇴비와 균형을 맞춘 비료를 추가하여 흙과 잘 섞는다.

좁은 간격으로 촘촘하게 기르는 정원의 다른 식물들과 달리 호박은 어느 정도 간격을 두고 심어야 잘 자란다. 많은 초보 재배자들이 저지르는 가장 큰 실수는 마음대로 퍼져나가는 이 덩굴에게 뻗어나갈 공간을 충분히 주지 않는 것이다. 나는 2미터 간격으로 줄을 만들고 각 식물 사이에는 1미터 간격을 두어 붐비지 않고 뻗어나갈 수 있게 한다.

유리한 출발을 하려면 봄의 마지막 서리가 내리기 3주 전쯤 실내에 씨앗을 뿌려야 한다. 10센티미터 크기의 화분에 씨앗을 2개씩 심은 뒤 서리의 위험이 모두 지나가면 바깥에 옮겨 심는다. 실내에서 싹을 틔우면 배고픈 설치류와 새, 식물을 썩게 만드는 춥고 축축한 날씨로부터 모종을 보호하는 데 도움이 된다. 하지만 서리의 위험이 모두 지나간 후 정원에 직접 2.5센티미터 깊이 구멍마다 씨앗을 2개씩 뿌려 심을 수도 있다.

봄에는 어린 식물들을 계속 관찰하면서 민달팽이로 인한 피해가 있는지 살펴보는 것이 중요하다. 나는 땅에 심을 때와 그 이후 폭우가 내릴 때마다 유기농 민달팽이 퇴치제인 슬러고를 뿌린다. 이 퇴치제는 미끈거리는 포식자들로부터 식물을 안전하게 지켜주지만 동물과 어린이에게는 안전하다.

여름이 오고 식물이 빠르게 성장하기 시작하면 손이 갈 일은 거의 없다. 뒤로 물러서서 자라는 모습을 지켜보기만 하면 된다.

선호하는 품종

치리멘 사랑스러운 작은 호박으로 처음에는 어두운 에메랄드색에 약간의 노란색 얼룩이 있지만 시간이 지나면 탐스러운 누런색으로 변한다. 먹기에도 매우 좋은 호박이다.

갈뢰 데이진 내가 길러본 품종 중 모양이 가장 독특하다. 따뜻한 복숭앗빛 호박에 거친 질감의 연갈색 무사마귀가 두껍게 덮여 있다. 좋아하는 사람도 있고 약간 싫어하는 사람도 있다. 나는 좋아하는 편이다.

마리나 디 치오지아 진한 청록색 껍질이 눈길을 사로잡는 이 품종은 거품처럼 울퉁불퉁한 혹이 두껍게 덮여 있어 호박보다는 암석인 정동석처럼 생겼다. 식용과 장식 두 가지 측면에서 반드시 길러야 하는 품종이다.

치리멘

갈뢰 데이진

뮈스케 드 프로방스 진한 초록색 껍질에 줄이 깊이 패인 중간 크기의 호박으로 시간이 지나면 아주 멋진 초콜릿색이 된다. 식용과 오래 지속되는 장식용으로 훌륭하다.

루쥐 비프 데스탕프 주황빛이 도는 강렬한 빨간색의 이 프랑스 품종과 경쟁할 만한 호박은 거의 없다. 신데렐라 이야기에서 요정이 마차로 변신시킨 호박과 닮아서 신데렐라 호박으로도 알려져 있다.

트라이엄블 내가 좋아하는 멋진 토끼풀 모양의 호박으로 빛나는 청록색을 띤다. 색상이 아름답고 크기가 적당하며 모양이 독특할 뿐 아니라 수확한 후 장식하면 보통 1년 넘게 지속된다. 나는 2년 넘게 장식한 적도 있다!

수확하는 요령

긴 유통 기한과 최고의 색상을 위해서는 첫 서리가 내리기 전 적절한 단계에 수확하는 것이 중요하다. 줄기가 갈색으로 변하고 껍질이 칙칙해지기 시작하면 손톱으로 눌러보아 열매가 얼마나 성숙했는지 확인한다. 상처가 나지 않으면 수확할 준비가 된 것이다. 예리한 칼이나 전지가위로 열매를 수확하는데, 꼭지 끝에 덩굴을 한 줄기 남겨둔다. 열매를 밑에서 받치고 줄기가 부러지지 않도록 특별히 주의한다.

수확하자마자 표백제를 10퍼센트 녹인 물에 담가 씻은 뒤, 차고나 온실 탁자에 올려놓고 말린다. 따뜻하고 건조한 곳에서 2~3주 동안 보존 처리를 한 뒤 아름다운 장식에 활용한다. 적절하게 보존 처리를 하면 대부분 3개월 이상 지속되지만 그보다 훨씬 더 오래가도 놀라지 말자.

마리나 디 치오지아

뮈스케 드 프로방스

루쥐 비프 데스탕프

트라이엄블

가을꽃과 식용 소재, 질감이 특이한 줄기

SUNFLOWERS

해바라기

해바라기가 전 세계적으로 널리 기르는 절화 중 최상위 명단에 있다는 사실은, 해바라기가 말이 안 될 정도로 기르기 쉽고, 여름의 삼복더위와 이른 가을에도 잘 자라며, 풍부하게 꽃을 피우고, 손이 갈 일이 그리 없다는 점을 생각할 때 전혀 놀랍지 않다. 나는 아이들이 어렸을 때 봄이 되면 여러 종류가 섞인 해바라기 씨앗 봉투를 쥐어주며 우리 가족의 채소 정원 둘레를 따라 심게 했다. 아이들이 토실토실한 작은 손가락으로 줄무늬가 있는 큰 씨앗을 방금 준비한 토양에 집중하여 조심스레 밀어 넣던 모습이 생생하게 기억난다. 화창한 날이 며칠 지나고 나면 새싹이 흙을 뚫고 올라왔고, 아이들은 흥분하며 매우 행복해 했다. 이런 기쁨을 가져다주는 꽃은 어디에도 없다.

기르는 방법

기르기가 가장 쉬운 꽃에 속하는 해바라기는 날씨가 따뜻해지고 서리의 위협이 모두 지나가면 바로 정원에 직접 씨앗을 뿌리거나 옮겨 심을 수 있다. 싹을 빨리 틔우므로 며칠 안에 새싹이 땅을 뚫고 올라올 것이다. 새와 다른 야생 동물들이 기회만 있으면 어린 싹을 뽑고 부드러운 씨앗을 먹어치울 수 있으므로, 7~10센티미터 길이가 될 때까지는 어린 싹을 보호해야 한다. 나는 방금 씨앗을 뿌린 화단에 서리 방지 천을 덮고 모서리를 무거운 돌로 고정하여, 식물이 뿌리를 내려 스스로를 단단히 고정할 때까지 새의 접근을 막는다. 이런 추가적인 과정을 거치지 않으려면 씨앗을 뿌리는 대신 모종을 옮겨 심는다.

해바라기에는 줄기가 나뉘는 품종과 그렇지 않은 품종, 이렇게 두 종류가 있다. 줄기가 나뉘는 품종은 부피가 매우 커지고 오랜 기간 꽃을 풍부하게 생산한다. 넉넉한 공간이 필요하므로 45~60센티미터 간격을 둔다. 수확에 시차를 두려면 봄부터 한여름까지 3~4주에 한 번씩 새 씨앗을 뿌린다.

(외줄기라고도 하는) 줄기가 나뉘지 않는 품종은 씨앗 하나에 꽃을 한 송이만 피우지만, 빠른 개화와 길고 곧은 줄기가 장점이다. 대부분의 농부들이 이 품종을 선택한다. 관리가 가능한 크기로 유지하려면 촘촘하게 심는 것이 좋은데, 그렇지 않으면 줄기가 빗자루만큼 굵어져 어레인지할 수 없을 것이다. 부케에 알맞도록 작은 꽃을 얻으려면 10~15센티미터 간격으로 심는다. 지속적인 수확을 위해서는 봄부터 이른 여름까지 7~10일마다 연속으로 씨앗을 뿌린다.

선호하는 품종

절화로 쓸 품종을 고를 때는 꽃가루가 없는 유형을 찾아야 한다. 지저분한 노란색 꽃가루 뭉치 때문에 좋은 식탁보가 엉망이 되면 속이 상할 테니 말이다.

줄기가 나뉘지 않는 품종

프로컷 바이컬러 이 꽃만큼 가을을 대표하는 해바라기는 없다. 중앙의 갈색 부분을 노란색과 주황색이 섞인 꽃잎이 둘러싸고 있어 풀과 아마란스, 다른 해바라기와 조합하면 매우 아름답다.

선리치 골드 내가 가장 많이 기르는 품종으로 씨앗을 뿌린 뒤 60~70일이면 꽃을 피운다. '선리치 시리즈'는 모두 재배할 만한 가치가 있지만 나는 선명한 노란색 꽃잎에 중앙이 예쁜 연두색인 '골드'를 특히 좋아한다.

선리치 오렌지 빨리 개화하는 꽃으로 우리가 보통 해바라기에 기대하는 통학버스 빛깔의 꽃잎과 두툼한 가운데 갈색 부분이 특징이다. 나는 이 꽃을 산국수나무 같은 어두운 색 잎과 침치미니 루드베키아와 함께 조합하기를 즐긴다.

가을꽃과 식용 소재, 질감이 특이한 줄기

그린버스트

프로컷 바이컬러

초콜릿

스타버스트 파나쉬

선리치 골드

선리치 오렌지

줄기가 나뉘는 품종

초콜릿 키가 크고 줄기가 많이 나뉘는 품종으로 언제나 플로리스트들의 사랑을 받는다. 진한 초콜릿색 꽃잎과 중앙의 검은색 부분이 부케에 깊이와 흥미를 더한다. 나는 이 해바라기를 다른 어두운 색 소재와 섞어 대화를 이끌어내는 어레인지먼트로 만들기를 즐긴다. 꽃잎이 어두운 품종은 대부분의 해바라기와 달리 활짝 피었을 때 수확하면 꽃잎이 떨어지는 경향이 있으므로, 꽃잎이 펴지기 시작하자마자 수확해야 한다.

그린버스트 나는 선명한 중앙의 밝은 초록색 부분을 솜털 같은 노란색 꽃잎이 둘러싸고 있는 이 발랄한 겹꽃 품종을 사랑한다. 씨앗을 뿌린 뒤 두 달 만에 꽃을 피우는 귀여운 꽃으로, 이른 여름부터 늦가을까지 꽃을 얻으려면 이른 봄부터 한여름까지 연속으로 씨앗을 뿌린다.

스타버스트 파나쉬 나는 몇 년 동안 수십 가지의 해바라기를 길러봤지만, 이 품종을 능가하는 꽃은 없었다. 솜털이 덥수룩한 꽃잎과 중앙의 진한 초록색이 섞인 갈색 부분이 환상적인 장식을 완성한다. 가을을 대표하는 꽃으로 이 품종만 한데 모아 장식해도 매우 멋지다.

수명을 늘리는 요령

첫 번째 꽃잎이 펴지기 시작하자마자 수확한 다음, 긴 수명을 위해 줄기 아래쪽 잎을 4분의 3가량 제거한다. 꽃 수명 연장제는 필요 없다.

VINES

덩굴

간단한 어레인지먼트를 한 차원 높이기 위해 내가 즐겨 쓰는 요령은 덩굴을 몇 줄기 추가하는 것이다. 멋대로 뻗어나가는 이 야생적인 식물에는 어떻게 어레인지하든 기발함을 더해주는 힘이 있다.

몇 년 동안 여러 가지 덩굴을 시험해봤는데, 모두 사랑스럽지만 특별히 내 정원에 영원히 정착하게 된 몇 가지 다년생 식물과 일년생 식물이 있다.

다년생 덩굴 기르는 방법

다년생 덩굴은 가을이나 이른 봄에 심는데, 마음껏 움직일 수 있는 공간을 제공하고 견고한 격자 형태 지지대나 정자 같은 구조물을 설치해 기어오를 수 있게 해주어야 한다. 활기가 넘치는 품종으로 매년 가을 완전히 베어주는 것 외에는 특별한 조치가 필요 없다.

선호하는 다년생 품종

클레마티스 이 멋진 식물을 알고 나면 모든 품종을 소유하고 싶어질 것이다. 나는 몇 년 동안 40종류가 넘는 품종을 길러봤는데, 절화 소재의 꾸준한 공급 측면에서 가장 믿을 만한 왕성한 품종은 두 가지다. '스위트 어텀'은 여름 후반부터 가을까지 매우 아름답고 향기로우며, 작고 새하얀 꽃을 피운다. 꽃이 지면 뒤이어 공기처럼 가벼운 느낌의 은색 씨 꼬투리를 잔뜩 맺는다. '빌 매켄지'는 또 하나의 훌륭한 품종으로 잎 모양이 매끈하고 여름 내내 황금색의 랜턴 모양 꽃이 가득 달린다. 하지만 이 품종이 가장 멋진 시기는 가을로, 이때는 은색의 씨 꼬투리가 늦은 오후의 햇빛에 반짝인다.

수명을 늘리는 요령 수확한 클레마티스는 수명 연장제를 섞은 물에서 쉽게 일주일 동안 지속된다.

홉 내가 가장 처음 심은 덩굴 중 하나로 실패할 염려가 거의 없고 언제나 대화를 이끌어내는 훌륭한 소재이며 몇 년만 지나면 건물이나 전신주를 뒤덮을 정도로 자란다. 초록색과 황금색이라는 두 가지 색이 있고, 늦여름부터 초가을까지 연두색의 원뿔 모양 꽃이 달린다. 커다란 장식이 제격이며, 출입구나 아치형 구조물에 엮거나 식탁 위 천정에 매달아도 멋지다.

수명을 늘리는 요령 수명 연장제를 섞은 물에 담갔을 때 5일가량 지속되며, 물 없이도 24시간까지는 축 처지지 않아 장식할 수 있다.

일년생 덩굴 기르는 방법

봄의 마지막 서리가 내리기 6~8주 전에 실내의 화분에서 싹을 틔운 다음 서리의 위험이 모두 지나가면 바깥에 옮겨 심는다. 추위에 매우 예민하므로 날씨가 따뜻해질 때까지 기다렸다가 정원으로 옮긴다. 덩굴이 타고 올라갈 수 있도록 튼튼한 격자 구조물이나 지지대를 설치한다.

선호하는 일년생 품종

코베아 Cobaea scandens 활기 넘치는 덩굴로 정원에 심거나 화병에 꽂으면 아름답다. 늦여름부터 가을에 첫 서리가 내릴 때까지 안에서 빛을 발하는 것 같은 미색이나 진한 자주색의 컵 모양 꽃을 가득 피운다. 꽃송이를 하나씩 얕은 볼에 띄우거나 덩굴을 키 작은 어레인지먼트에 엮을 수 있다.

수명을 늘리는 요령 막 꽃이 피었을 때 수확한 다음 끓는 물에 줄기 끝을 7~10초 동안 담갔다 뺀다. 꽃 수명 연장제를 쓰면 4~5일의 수명을 기대할 수 있다.

코 베 아

클 레 마 티 스

풍선초 덩굴

한련

홉

풍선초 덩굴 Cardiospermum halicacabum 활짝 핀 풍선초의 우아한 아름다움에 견줄 만한 덩굴은 거의 없다. 양치식물 모양의 잎이 달린 긴 덩굴로, 작은 흰색 꽃과 흥미를 불러일으키는 초록 잎, 작은 종이 랜턴을 닮은 풍선 모양의 꼬투리가 가득 달린다. 더 마법 같은 특징은 각 풍선 안쪽에 완벽한 흰색 하트 모양이 새겨진 작고 까만 씨앗이 들어 있다는 것이다. 활기가 넘치는 식물로 두 달이면 격자 구조물 너머까지 기어오른다.

수명을 늘리는 요령 단단하고 작은 초록색 랜턴이 잔뜩 달린 줄기를 고른다. 수확 후 잎이 열을 받으면 시들기 쉬우므로 하루 중 가장 시원한 시간에 수확하여 곧바로 물에 담가 어레인지하기 전 몇 시간 동안 쉬게 한다. 꽃 수명 연장제를 쓰면 화병에서 일주일 동안 지속될 것이다.

한련 복숭아색과 파스텔 색상의 뛰어난 한련 덩굴을 몇 년 동안 찾아다니다가 마침내 구하기 힘든 '글림 새먼' 품종을 발견했다. 이 덩굴에는 여름 내내 부드러운 주황빛 꽃이 풍성하게 달린다. 큰 어레인지먼트에 흥미와 생동감을 더하는 꽃이다.

수명을 늘리는 요령 꽃이 막 피었을 때 수확한다. 잎을 쓴다면 질감이 가죽 같아지거나 만져서 단단해졌을 때 잎을 하나씩 따거나 덩굴 전체를 수확한다. 꽃과 잎 모두 화병에서 7~10일 동안 지속되며 꽃 수명 연장제를 쓰면 훨씬 더 오래 유지된다.

가을 리스

끝나가는 가을을 받아들이는 가장 좋은 방법은 크고 화려한 장식을 통해 순간의 마법을 포착하는 것이다. 나는 매년 가을 정원을 쉬게 할 때마다 열매가 달린 나뭇가지와 꼬투리들을 따로 떼어놓았다가 자연 그대로의 제철 리스로 변신시킨다. 이 작품은 잔가지들을 활용해 풍성하고 무성한 상록수 리스와 달리 가을의 자유분방함을 나타내고자 했다.

필요한 재료

전지가위

20센티미터 길이의 플로럴 와이어나 패들 와이어 20~25개

잎을 제거한 1.8~2.4미터 길이의 싱싱한 포도 덩굴 3줄기

잎을 제거한 0.9~1.2미터 길이의 노박덩굴 3줄기

'로사 듀폰티'처럼 열매가 큰 들장미 가지 10~15줄기

'샐리 홈스'와 '로사 글라우카'처럼 열매가 작은 들장미 15~20줄기

꽈리 18~20줄기

❶ 포도 덩굴을 원형으로 구부려 리스 틀을 만든다. 양끝이 만나는 지점에 와이어를 감아 형태를 고정한다. 두 번째 덩굴을 추가하여 첫 번째 덩굴 둘레에 감는다. 마지막 덩굴을 감은 뒤 와이어로 한데 고정하여 다무리한다. 이렇게 하면 리스를 만들 수 있는 견고한 바탕이 된다.

❷ 포도 덩굴로 만든 틀 들레에 노박덩굴을 한 줄기씩 고르게 감은 다음, 끝부분을 틀 속에 꽂아 넣어 고정한다.

❸ 큰 들장미 열매가 달린 줄기를 덩굴로 만든 틀에 와이어로 고정한다. 이때 열매들 사이의 간격을 고르게 한다.

❹ 작은 열매가 달린 들장미 줄기를 덩굴로 만든 틀의 작은 틈새에 끼워 넣는데, 특히 잘 보이도록 리스 바깥쪽 둘레에 꽂는다.

❺ 꽈리를 덩굴로 만든 틀에 끼워 넣는 방식으로 추가한다. 리스 곳곳에 고르게 배치해 풍성하게 꾸민다.

네덜란드 정물화

매년 가을 국화 밭에 꽃이 흐드러지게 핀 모습을 보면 새로운 창작 욕구가 밀려와 하던 일에 계속 집중할 수가 없다. 이 놀라운 꽃이 지닌 풍성하고 특이한 질감의 아름다움에 비할 화초는 거의 없으며, 정원의 다른 식물들이 시들 때 개화한다는 점이 이 꽃을 훨씬 더 특별하게 만든다.

분위기 있는 네덜란드 정물화에서 영감을 얻은 이 작품은 오래된 고전을 현대적으로 해석했다. 가을 색감의 잎, 열매가 달린 나뭇가지, 풍부한 색감의 국화를 조합하여 기억에 남을 만한 극적인 장식을 완성했다.

필요한 재료

줄기 고정 도구

지름이 30센티미터인 큰 도자기 볼

플로럴 퍼티

잎이 달린 너도밤나무 가지 6~8줄기

잎이 많이 달린 포도 덩굴 3~4줄기

잎이 달린 털설구화 가지 6~8줄기

아치 모양의 들장미 열매 5~7줄기

'브론즈 플리스'처럼 꽃이 작은 국화 7~10줄기

'헤더 제임스'처럼 꽃이 큰 국화 7~10줄기

'시튼스 토피' 같은 거미 모양 국화 5~7줄기

작은 열매가 달린 들장미 5줄기

❶ 줄기 고정 도구 밑면에 플로럴 퍼티를 한 바퀴 둘러 붙인 뒤 화병 바닥에 단단히 눌러 고정한다. 줄기 고정 도구는 낮은 용기 바깥으로 떨어질 수 있는 무거운 나뭇가지와 국화를 움직이지 않게 해준다.

❷ 볼에 꽃 수명 연장제를 섞은 물을 4분의 3 가량 채운다.

❸ 전체적인 모양을 잡는다. 아치 모양의 너도밤나무 가지를 화병의 세 지점에 배치하여 (세 변이 일정하지 않은) 비스듬한 형태의 삼각형을 만든다. 이때 긴 나뭇가지들이 왼쪽 뒤편에 자리 잡고 중간 길이의 나뭇가지들은 오른쪽으로 아치 모양을 그리고 가장 짧은 나뭇가지들이 앞쪽 중앙으로 흘러내리도록 연출한다. 빠지지 않도록 나뭇가지들을 줄기 고정 도구에 확실히 끼워 넣는다.

❹ 너도밤나무 가지 배치를 따라 포도 덩굴을 추가한다.

❺ 또 한 번 너도밤나무 가지의 배치를 따라 털설구화 가지를 배치하는데, 줄기를 약간 짧게 연출한다. 이렇게 하면 꽃을 위한 '둥지'가 만들어진다.

❻ 이미 배치한 잎들의 형태를 따라 아치 모양의 들장미 열매 줄기를 추가한다. 열매들이 다른 소재들 위로 돌출되어 잘 보여야 한다. 볼의 입구 쪽에도 한두 줄기 더 꽂는다.

❼ 작은 국화의 성긴 줄기들을 작품 곳곳에 끼워 넣어 잎 사이사이의 틈새를 채운다. 비대칭적인 형태는 계속 유지한다.

❽ 크고 화려한 국화를 배치한다. 중심이 되는 큰 꽃은 공간이 필요하므로 시간을 들여 천천히 배치하는데, 일부는 방향을 돌려 서로 다른 쪽을 향하게 하면 더 자연스럽고 자유분방한 느낌으로 완성된다. 몇 줄기는 볼 가장자리 너머로 흘러내리는 느낌으로 연출하고 몇 줄기는 양옆으로 튀어나오록 꽂아 풍성한 효과를 준다.

❾ 크고 활짝 핀 꽃들 사이사이에 거미 모양 국화를 몇 줄기 추가한다. 이렇게 하면 어레인지먼트에 아름다운 질감이 더해진다.

❿ 마지막으로 작은 열매가 달린 들장미 몇 줄기를 끼워 넣어 살짝 통통 튀는 느낌을 더해준다.

빈센트 반 고흐

여름이 가고 초가을이 오면 해바라기가 절정을 맞이하는데, 정원이 제공하는 최상의 소재를 가득 채운 자연 그대로의 구조적인 어레인지먼트만큼 보는 이를 변화하는 계절로 이끌 좋은 방법은 없다.

빈센트 반 고흐의 유명한 그림 〈해바라기〉에서 영감을 얻은 이 작품은 만드는 데 특별한 기법이 필요 없다. 그저 손으로 빚은 도자기 화기에 꽃을 제철 꽃 한 아름만 있으면 된다.

필요한 재료

(30센티미터 높이의) 크고 목이 좁은 화병

전지가위나 꽃가위

아마란스 '핫 비스킷' 6줄기

'프로컷 바이컬러' 또는 두 가지 색상이 섞인 해바라기 5줄기

'초콜릿' 또는 어두운 색상의 해바라기 6줄기

'체로키 선셋 믹스' 같은 루드베키아 8줄기

'침치미니 믹스' 같은 루드베키아 8줄기

조 15줄기

❶ 꽃 수명 연장제를 섞은 물을 화병에 4분의 3가량 채운다. 갈색 아마란스 줄기를 배치하는데, 일부는 짧게 자르고 일부는 길게 남겨 가장자리 너머로 흘러내리도록 연출해 다른 소재들을 위한 대략적인 뼈대를 구성한다.

❷ 두 가지 색상이 섞인 해바라기를 아마란스 사이사이에 꽂아 자리 잡아준다.

❸ 어두운 색 해바라기를 엮어 꽂어 아마란스와 다른 해바라기 사이의 공간을 채운다.

❹ 체로키 선셋 루드베키아가 양옆으로 아치 모양을 그리도록 고르게 추가한다.

❺ 침치미니 루드베키아를 꽂아 남아 있는 빈 공간을 모두 채운다. 가벼운 느낌의 뾰족뾰족한 꽃이 다른 큼직한 재료들의 무거운 느낌을 상쇄해준다.

❻ 곳곳에 조를 꽂는데, 알갱이가 작은 씨꼬투리가 잘 보일 수 있도록 다른 줄기들 위로 높이 배치해야 한다.

가을 작품

WIN

WINTER
겨울의 고요함에 정착하기

길고 바쁜 꽃 재배 기간이 지나간 후 맞이하는 겨울은 언제나 환영할 만한 휴식 기간이다. 이곳 익싱턴은 눈이 드물지만 회색빛 하늘과 뼈가 시릴 정도의 추위, 수그러들지 않는 비 때문에 성실한 원예가마저도 실내로 들어가게 된다. 나는 매우 필요했던 휴식 시간을 얻고, 다음 시즌이 시작되기 전까지 재충전을 한다.

이른 겨울의 건조한 날에는 바깥에 나가 매년 돌아오는 명절에 쓸 리스와 갈런드를 화려하게 장식해줄 상록수와 흥미로운 소재들을 채집하며 시간을 보낸다. 비가 오면 식구들과 함께 실내의 난로 옆에서 크리스마스 장식과 리스, 수십 미터 길이의 수제 갈런드를 만든다. 공기 중에는 소나무 향이 짙게 퍼지고, 우리 손은 한동안 얼룩이 지고 흙과 수액 때문에 끈적인다. 화분에 심은 페이퍼화이트와 아마릴리스를 지하실에서 꺼내 겨울 동안 선물로 나누어주기도 하고 집을 신선한 꽃과 향기로 채우는 데 쓰기도 한다.

일단 부산한 명절이 지나면 진짜로 편안히 쉴 수 있다. 매일 우편함에는 새로운 씨앗 카탈로그가 도착해 있고, 나는 다가올 해의 모든 가능성에 대해 마음껏 상상을 펼친다. 도눈종이와 정원 가꾸기 책, 카탈로그, 색연필을 식탁에 어질러놓고서, 깨어 있는 모든 시간을 다가올 시즌 계획에 쏟아붓는다.

Winter Tasks
겨울에 할 작업

재고 점검하기와 청소하기

새로운 작업을 시작하기 전에 업두 공간을 청소하고 정리하는 것은 내 마음과 정신에 큰 도움이 된다. 가끔 해가 구름 뒤에서 고개를 내미는 날, 나는 온실로 달려가 장비를 천천히 살펴보고 다음 시즌을 위해 고치거나 교체해야 할 것들을 파악한다. 비료부터 파종판, 식물 이름표, 흙에 이르기까지 모든 재고를 점검한다. 그런 다음 대청소를 하는데, 파종판을 전부 표백제 섞은 물로 씻고 남은 장비를 모두 정리하여 제자리에 갖다 놓는다.

정원 계획하기

나는 정원 계획에 마구잡이로 뛰어들기 전에, 시간을 들여 씨앗이 들어 있는 상자들을 살펴 수량을 확인하고, 빈 씨앗 봉투를 버리고, 남아 있는 모든 것을 다시 정리한다. 그런 다음 지난 시즌의 정원 공책을 꺼내 어떤 방법이 효과가 있었고, 어떤 방법이 소용없었는지, 다가올 시즌에는 어떤 변화를 주고 싶은지 검토한다. 이 책의 '절화 정원의 기초' 장에서 한 시즌 동안 꽃을 얻기 위해 정원을 계획하고, 식물을 심고, 정리하는 방법을 설명했다. 나만의 정원 계획을 세우기 전에 그 내용을 참고하자.

씨앗과 장비 주문하기

가장 좋은 씨앗을 고르려면 일찍 주문할 것을 강력히 권한다. 나는 몇 년 동안 너무 늦게 주문하는 바람에 훌륭한 식물을 키울 기회를 많이 놓쳤다. 하지만 더 중요한 사항이 있다. 매주 수십 가지의 씨앗과 장비 카탈로그를 받아보면 다가올 시즌에 대한 흥분으로 지나치게 많이 주문하기 쉽다. 나도 품종을 선택할 때 고삐가 꽤 느슨해지긴 하지만 좋은 것도 지나치게 많으면 문제가 되는 시점이 온다. 너무 많이 주문하여 비용이 커지고 부담을 느끼는 상황을 막으려면 자신의 시간적·공간적 제약을 염두에 두어야 한다.

뿌리 상태의 식물 심기

내가 좋아하는 겨울 작업 중 하나는 뿌리 상태의 관목과 나무를 고르고 심는 일이다. 뿌리 상태의 식물은 화분에 심긴 관목이나 나무에 비해 더 크고(하지만 무게는 훨씬 가볍다) 가격이 몇 분의 일에 불과하며 옮겨 심을 때 겪는 충격도 훨씬 덜하다. 구할 수 있는 기간이 매우 짧지만(보통 6~8주) 가능하다면 뿌리 상태의 식물을 선택한다. 바로 땅에 심을 수 없다면 뿌리가 마르지 않도록 임시로 일반 흙이나 축축한 나뭇조각 무더기에 묻어두어야 한다. 뿌리 상태의 식물은 심기 전에 24시간 동안 물에 담가둔다.

도구 손질하기

내가 농장을 시작하던 초기에, 큰 성공을 거둔 어느 재배자가 잘 만들어진 도구에 투자하고 제대로 손질하면 몇 년간 도움이 될 것이라고 이야기해준 적이 있다. 그의 말은 옳았다. 작업하기 적절한 도구가 있으면 상황이 완전히 달라진다. 모든 일을 더 빨리 손쉽게 할 수 있을 뿐 아니라 우리 신체에도 더 좋다. 매년 겨울이면 나는 창고에 있는 모든 도구를 반드시 훑어본다. 날이 있는 도구와 쇠스랑, 전지가위를 전부 씻고, 기름칠하고, 예리하게 다듬는다. 또한 나무로 된 손잡이를 깨끗이 닦은 뒤 끓인 아마씨유를 발라 광택을 유지하고 쪼개지거나 변색되는 것을 막는다. 그런 다음 모든 도구를 창고의 제자리에 갖다놓는다.

가지치기

한겨울은 낙엽성 관목과 장식용 나무를 가지치기하기에 이상적인 시기다. 잎이 없으므로 상태를 가늠하기 수월하고 효율적으로 작업하기 좋다. 먼저 죽거나 병들었거나 상처가 있는 나뭇가지를 제거한 다음 가늘고 약한 줄기를 잘라낸다. 식물 아랫부분에 기생식물이 싹을 틔웠다면 발견하는 대로 제거한다. 그런 다음 보기에 아름답도록 나뭇가지를 다듬는데, 식물의 자연적인 형태를 염두에 두면서 마지막으로 가지를 자른다. 나는 보통 장미와 피지 수국처럼 시간을 많이 잡아먹는 품종부터 시작해 나무딸기와 낙엽성 관목을 작업한 다음 마지막으로 열매가 열리는 나무를 가지치기한다.

시즌 연장하기

겨울 동안 온실이나 그 외 덮개가 있는 공간에서 줄화를 기르면 얼마나 많은 이익이 따르는지는 아무리 강조해도 지나치지 않다. 줄기가 더 길고 튼튼해져 어레인지하기에 좋고, 품질이 뛰어나며, 질병에 걸릴 위험이 적은 꽃을 얻을 수 있을 뿐 아니라 시즌을 일찍 시작할 수 있다. 덮개를 덮어준 꽃은 그렇지 않은 꽃보다 6주 정도 일찍 수확할 수 있다. 대부분의 원예가들에게는 큰 온실을 갖출 만한 공간과 예산이 없지만, 비용이 적당히 들고 창의적인 여러 방법이 있다.

비닐하우스는 걸어 들어갈 수 있을 만큼 높이가 있는 비가열 온실을 말한다. 키트를 구입할 수도 있고(304쪽의 '재료 구입처' 참조), 파이프 구부리는 기계와 힘센 몇몇 친구들의 도움을 받아 직접 만들 수도 있다. 이런 유형의 구조물은 싹을 틔울 번식 공간을 마련하고, 성수기와 비수기 사이 기간을 연장하며, 접시만 한 달리아와 리시안셔스처럼 약간의 보호나 열기가 필요한 품종을 기르기에 이상적이다.

집에서 정원을 가꾸어 공간에 한계가 있는 사람이나 예산이 제한적인 재배자에게는 낮은 터널이 이상적인 선택일 것이다. 짧은 시간 안에 설치할 수 있고, 시즌 내내 여러 다른 화단에 돌려 쓸 수 있으며, 혼자서 환기를 시키기에 용이하고, 공간을 적게 차지할 뿐 아니라, 바람과 눈에 매우 강하다.

싹 틔우기

새로운 재배 시즌을 시작하며 첫 번째 씨앗 봉투를 뜯는 것만큼 신나는 일도 없다. 나는 다수의 씨앗을 이른 봄에 뿌리지만 더 따뜻한 지역에 살거나 난방이 가능한 번식 공간이 있다면 늦겨울에 뿌리기를 권한다. 나는 다년생 화초와 리시안셔스처럼 발아가 오래 걸리는 식물, 가을에 심지 않은 스위트피, 아이슬란드양귀비와 금어초처럼 일찍 꽃을 피우고 추위를 잘 견디는 일년생 화초, 가을에 씨앗을 뿌리지 않은 제비고깔과 니겔라, 레이스플라워를 늦겨울에 싹 틔운다.

Winter Berries, Blooms & Foliage

겨울 베리류와 꽃, 잎

AMARYLLISES

아마릴리스

활짝 피었을 때 아마릴리스만큼 큰 만족감을 주는 꽃은 거의 없다. 화려하고 웅장한 이 꽃을 지나치기란 거의 불가능하며, 잊기는 훨씬 더 힘들다. 남아메리카가 원산지로 사실상 열대 식물이지만 겨울의 추운 기간 동안 실내에서 속성으로 꽃을 피울 수 있어 어두운 공간을 환하게 밝혀준다. 꽃을 일찍 피우기가 가장 쉬운 구근식물로 밝은 빛과 좋은 흙, 꾸준한 물 공급, 따뜻한 공간만 있으면 된다. 명절 선물로도 손색이 없.

아마릴리스는 흰색과 분홍색, 연어색, 산호색, 진홍색, 주황색, 빨간색 등 색상이 다양하며 여러 색상이 아름답게 섞여 있거나 줄무늬가 있는 품종도 많다. 나는 이 식물을 한데 모아 심는 것이 좋아서, 큰 볼에 가능한 한 많은 구근을 채운다. 활짝 핀 아마릴리스 화분을 벽난로 선반에 한 줄로 늘어놓으면 정말 멋지다. 나는 이 놀라운 식물과 완전히 사랑에 빠졌는데, 여러분도 알고 나면 그렇게 될 것이다.

기르는 방법

아마릴리스 구근은 꽤 비싸지만 가능하다면 가장 큰 것을 구입한다. 나는 32~34센티미터 크기를 선호한다(구근 크기는 둘레의 길이로 잰다). 작은 구근도 사랑스러운 꽃을 피우지만 큰 구근은 꽃이 4~6송이 달린 줄기를 2~3개씩 생산한다. 구근을 고를 때는 꼭 쥐었을 때 단단하고 멍이나 상처가 없는 것을 선택한다. 가을에 곧바로 화분에 심을 것이 아니라면 공기가 잘 통하는 주머니에 담아 온도가 10~15.5도 정도 되는 서늘하고 어두운 곳에 보관한다.

구근을 심으려면 지름과 깊이가 구근의 2배 이상 되며 배수 구멍이 있는 화분을 고른다. 품질이 좋은 흙을 호쿤에 채우는데, 화분 높이의 10~13센티미터 정도 공간을 남기고 채운 다음 구근을 집어넣는다. 구근의 목 부분만 바깥으로 나오도록 화분의 남은 부분을 흙으로 채운 다음 구근이 움직이지 않도록 흙을 단단히 다진다. 물을 흠뻑 주고 화분을 따뜻한 곳으로 옮기는데, 20도 정도가 이상적이다. 며칠에 한 번씩 흙이 촉촉하되 질척거리지 않는지 확인하고 이따금 물을 준다. 너무 자주 주면 구근이 뿌리를 내리지 못하고 썩는다. 줄기와 잎이 나오면 일주일에 2~3번씩 규칙적으로 물을 준다.

아마릴리스는 품종과 장소의 온도에 따라 심고 나서 5~8주 뒤에 꽃을 피우며, 키는 46~61센티미터에 이른다. 초겨울에 심은 구근은 봄 가까이 심은 구근보다 꽃을 피우기까지 시간이 조금 더 걸린다.

꽃이 피면 화분을 햇빛이 직접 비추는 곳으로 옮겨 개화 기간을 늘리고 꽃잎이 지는 것을 막는다. 활짝 핀 아마릴리스는 자신의 무게를 못 이기고 쓰러질 수 있으므로 지지대를 세워주어야 한다. 나는 큰 꽃자루가 지나치게 많이 휘어져 흙과 부스러진 점토를 두 번 이상 쌓아준 적도 있다.

나는 개화 기간을 연장하기 위해 10일 간격으로 식물을 연속으로 심어 한 차례 꽃이 지면 다음 꽃이 피어나게 한다.

아마릴리스는 휴면 기간을 거쳐야 다시 꽃을 피우며, 제대로 보살피면 보관했다가 다음 해에 다시 꽃을 피우게 할 수 있다. 꽃이 지면 식물을 해가 잘 드는 창가로 옮겨 주기적으로 계속 물을 준다. 서리의 위험이 완전히 사라지면 바깥으로 옮긴다. 화분에 심은 식물에 알맞은 수용성 비료를 포장의 지시 사항에 따라 매달 뿌려준다. 다시 꽃을 피우기 원하는 시점에서 12~14주 전에 물 주기를 멈춘다. 실내로 들여 8주 동안(필요한 휴면 기간이다) 10도 정도에서 건조하게 보관한다. 그 후 앞에 설명한 내용을 바탕으로 구근을 다시 심으면 몇 주 안에 꽃을 만날 수 있을 것이다.

선호하는 품종

선택 가능한 멋진 아마릴리스 품종에는 수십 가지가 있다. 나는 개인적인 탐구 차원에서 모든 품종을 길러보고 있는데, 실제로 거의 모든 품종이 괜찮다. 아래는 지금까지 내가 발견한 몇 가지 마음에 드는 품종들이다.

애플블러썸 분홍색과 흰색이 섞인 거대한 꽃을 피우는 품종으로 봄의 야생능금 꽃을 생각나게 한다. 통통한 분홍색 봉오리에서 눈처럼 하얀 꽃잎이 열린다. 내가 매우 좋아하는 품종 중 하나다.

님프 요정을 닮은 활짝 핀 겹꽃이 비현실적으로 느껴진다. 미색 꽃잎에 빨간 줄무늬가 불규칙적으로 나 있고 꽃잎이 크게 주름져 절정의 작약이나 가든 로즈처럼 보인다.

피치 멜바 주황색 중심부에서 시작되는 꽃잎의 진한 주황색 줄무늬가 복숭아색 나팔 모양 꽃의 포인트가 되어준다. 매우 눈길을 끄는 꽃이다.

레드 라이언 매우 활기 넘치는 품종으로 크리스마스 때 인기가 높다. 이 새빨간 꽃은 봉오리가 4~5개씩 무리 지어 있는 경우가 많아 어두운 색의 상록수를 배경으로 쓰면 굉장히 매력적이다.

스위트 님프 진한 줄무늬와 밝은 분홍색 가장자리가 포인트인 장밋빛의 완전한 겹꽃으로 매우 아름답다.

수명을 늘리는 요령

아마릴리스는 화병에서 3주 가까이 지속되는 훌륭한 절화다. 아직 봉오리 상태일 때 어레인지하는데, 활짝 핀 꽃은 흠이 쉽게 생기고 꽃잎이 펴지면서 손상의 흔적이 드러나기 때문이다. 꽃이 핀 상태에서 줄기가 스스로의 무게를 이기지 못해 쓰러지는 경우가 많다. 이를 방지하려면 크고 속이 빈 줄기 안에 길고 가는 대나무 꼬치를 밀어 넣은 다음 솜뭉치로 고정한다.

BERRIES & BLOOMS

베리류 & 꽃

나는 연중 상당한 기간 동안 말 그대로 뒤뜰에 나가 몇 초 만에 꽃과 잎, 베리류를 한 아름 수확할 수 있다. 하지만 정원과 온실을 일 년 내내 식물로 채우려는 노력에도 불구하고, 나 역시 겨울에는 흥미로운 소재를 충분히 얻는 데 어려움을 겪는다.

나는 정원이 휴식기에 접어들면 이 시기에 생산을 하는 식물이 없다는 사실에 스스로를 자책한다. 그래서 가을에 반드시 분홍색과 흰색 마취목, 파란 열매가 열리는 광나무, 털설구화 '스프링 부케' 등 마음에 드는 초록 소재와 베리류, 꽃을 피우는 관목을 넉넉히 심는다. 심은 뒤에 풍부하게 수확할 수 있게 되기까지는 몇 년이 걸리지만 기다릴 만한 가치가 있다. 심은 식물이 자라는 동안에는 얼마든지 초록 소재를 구입할 수 있다는 점을 잊지 말자.

다음에 소개한 품종들은 내가 도시 주변의 버려진 땅에서 꺾거나 채집해도 될지 가장 많이 문의하고 부탁하는 식물들이다. 한여름에는 화려하고 강렬한 재료들이 많아 이 초록 소재들을 지나칠지 모르지만, 추운 기간에는 작품에 흥미를 더하기 위해 꼭 필요한 소재로 정말 소중하다.

다음 목록과 함께 서양호랑가시나무도 겨울에 꼭 있어야 한다. 천천히 자라거나 기르기 어려울 수 있으며 일부 지역에서는 급속히 퍼지기도 하므로 명절 시즌에 근처 원예용품점이나 도매상에서 구입하는 것이 가장 좋다. 나는 잎에 노란색이나 흰색 얼룩이 있는 호랑가시나무를 특히 좋아하는데, 리스와 갈런드에 흥미로운 포인트를 준다. 진홍색 열매에 잎이 초록색으로만 이루어진 종류도 명절 장식에 언제나 인기가 높다. 하지만 잎에 가시가 매우 많으므로 다룰 때는 두꺼운 장갑을 껴야 한다.

선호하는 품종

마취목 Pieris japonica 활짝 꽃을 피운 이 관목을 마주한 적이 있다면 얼마나 장관을 이루는 식물인지 알 것이다. 길게 흘러내리는 아이보리 혹은 장미색의 원추형 꽃차례가 겨울부터 이른 봄까지 아름다운 상록수 잎을 뒤덮는다. 꽃이 활짝 피기 전인 봉오리 상태에서 수확하면 활짝 피었을 때 수확한 경우보다 더 오래 지속된다.

기르는 방법 마취목은 서늘한 여름과 부분적인 그늘을 좋아하며 산성 토양에 심어야 한다. 천천히 자라긴 하지만 아름다운 조경을 제공하며 많은 식물들이 잘 자라지 못하는 정원의 구석진 그늘에서도 잘 자란다. 기후가 온화한 지역은 가을에, 그 외의 지역은 봄에 심으며 어린 관목 아래쪽 주변에 퇴비나 나뭇조각을 5~10센티미터 두께로 덮어준다.

동백나무 Camellia japonica & Camellia sasanqua 미국 남부 지역에서 오랫동안 길러온 정원 식물로 성숙하여 꽃을 활짝 피우면 견줄 만한 품종이 없다. 수확을 하고 나면 장미를 닮은 꽃이 쉽게 떨어지지만, 도톰한 봉오리일 때나 꽃이 막 모습을 드러낸 직후에 일찍 수확하여 직사광선을 피하면 5일까지 지속된다. 행사나 명절을 기념하는 자리처럼 그리 오래 장식할 필요가 없는 겨울 어레인지먼트에 추가하면 좋다.

기르는 방법 그늘을 좋아하는 관목으로 산성 토양에서 잘 자라며 온화한 기후의 지역에서는 가을 중 아무 때나, 그 외의 지역에서는 봄에 심을 수 있다. 겨울에 잎이 마를 수 있으므로 차갑고 건조한 바람이 부는 곳은 피한다. 새 관목은 식물 아랫부분 주변에 보온 효과가 있는 퇴비나 나뭇조각을 7.6~10센티미터 두께로 덮어준다.

겨울 베리류와 꽃, 잎

담쟁이덩굴 우리 지역에서는 서양담쟁이가 너무 잘 자라 사실상 유해한 잡초가 되었다. 나는 겨울에 도시 곳곳의 버려진 땅에서 담쟁이덩굴을 잔뜩 수확한다. 초록빛이 섞인 노란색 꽃을 리스와 센터피스에 쓰면 멋지고, 봄이 다가오면 꽃이 진한 파란색의 아름다운 열매로 변신해 갈런드와 부케에 쓰면 끝내준다. 흰색과 황금색 얼룩 등 무늬가 흥미로운 잎이 달려 있으며 그다지 급속히 퍼지지 않는 품종이 여럿 있다. 나는 리스에 재미를 주고자 두 가지 색상이 섞인 잎을 사용하기를 좋아하는데, 결혼 시즌에는 튼튼한 덩굴을 화동이 쓰는 화관의 바탕으로 쓴다. 꽃에서 꽃가루가 떨어진 후 초록색 꼬투리나 파란색 열매를 맺기 시작하면 언제든 수확한다.

기르는 방법 마음대로 자라는 덩굴이므로 주의하여 심어야 한다(유해 잡초 통제 관련 기구를 통해 여러분의 지역에서 정해놓은 지침을 확인하고 심는다). 나는 정원에서 빠르게 퍼지지 않도록 테라스에 큰 화분을 놓고 기른다. 봄에 심어 햇빛이 충분히 드는 곳에서 기른다.

광나무 Ligustrum japonicum 내가 좋아하는 겨울 베리류 목록에 언제나 오르는 품종이다. 지독한 겨울 날씨에도 아름다운 나뭇가지에 검푸른 빛깔의 견고한 열매가 지속적으로 열린다. 겨울 내내 버티려면 결코 충분해 보이지 않아 나는 30.5미터 길이로 길게 한 줄을 심는다. 열매가 손톱처럼 단단하여 물이 없어도 몇 주 동안이나 쪼글쪼글해지지 않는다.

기르는 방법 광나무는 기르기가 쉽고 다양한 토양에서 잘 자라므로 몇 그루 심을 장소만 있다면 반드시 길러야 한다. 기후가 온화한 지역에서는 가을에, 그 외의 지역에서는 봄에 아무 때나 심고, 새 관목은 식물 아랫부분 주변에 퇴비나 나뭇조각을 7.6~10센티미터 두께로 덮어준다.

털설구화 '스프링 부케' 겨울에 꽃을 피우는 만능 식물로 한겨울부터 이른 봄까지 진한 분홍색 봉오리와 부드러운 흰색 꽃이 가득 달려 있다가 매끈한 파란색 열매로 변신한다. 잎과 열매, 꽃을 밸런타인데이 어레인지먼트에 쓰면 특히 좋다.

기르는 방법 대부분의 토양에 적합하며 햇빛이 드는 곳과 그늘진 곳 모두에서 기를 수 있는 사랑스러운 관목으로, 절화 정원에 추가하면 좋은 품종이다. 기후가 온화한 지역에서는 가을에, 그 외의 지역에서는 봄에 아무 때나 심는다. 새 관목은 식물 아랫부분 주변에 퇴비나 나뭇조각을 7.6~10센티미터 두께로 덮어준다.

미국낙상홍 llex verticillata 보통 화려한 빨간색 열매가 열리는 품종이지만 조금만 찾아보면 주황빛이나 황금빛을 띠는 품종도 있다. 몇 차례 가볍게 어는 것은 견딜 수 있지만 극단적인 추위에 피해를 입지 않도록 열매가 달린 줄기를 이른 겨울에 수확한다.

기르는 방법 미국낙상홍은 유기물이 다량 섞인 습도가 높은 산성 토양, 그리고 햇빛이 잘 들거나 부분적으로 그늘이 진 곳에서 잘 자란다. 기후가 온화한 지역에서는 가을에, 그 외의 지역에서는 봄에 심는다. 꽃가루 매개체가 있어야 열매가 열리며 경험상 암그루 20그루마다 수그루를 하나씩 심는 것이 좋다. 가까운 원예용품점에 추천 품종이나 여러분의 지역에 알맞은 꽃가루 매개체를 문의한다.

수명을 늘리는 요령

이 품종들은 모두 잎과 꽃을 수확하면 화병에서 일주일 혹은 그 이상 지속되는데, 특히 물에 꽃 수명 연장제를 추가하면 오래 버틴다. 열매를 쓰는 경우라면 물속과 물 밖에서 다 2주의 수명을 기대할 수 있다.

마취목

미국낙상홍

담쟁이덩굴

동백나무

털설구화 '스프링 부케'

광나무

겨울 베리류와 꽃, 잎

BRANCHES FOR WINTER FORCING

겨울에 속성으로 꽃을 피우는 나뭇가지

나는 정원이 잠들어 있을 때 솟구치는 에너지를 실내로 불러들이기를 좋아한다. 그래서 한겨울에 정원을 거닐며 속성으로 개화시킬 나뭇가지를 모으는데, 원래의 시기보다 일찍 꽃을 피우게 한다는 뜻이다. 이른 봄에 꽃을 피우는 대부분의 낙엽수나 관목이 좋은 후보지만 빨리 꽃을 피우고, 화병에서 오래 지속되며, 대다수 기후에서 풍성하게 자라는 다음의 전통적인 품종들에서 가장 큰 성공을 거두었다.

자를 줄기를 고를 때는 봉오리가 부풀어 오른 것을 고르며 가능하면 어느 정도 색상이 도는 것을 택한다. 예리하고 튼튼한 전지가위로 줄기를 수확하고, 즉시 꽃 수명 연장제를 섞은 따뜻한 물에 담근다. 최종적으로 화병에 옮길 때는 계속 물을 흡수할 수 있도록 줄기를 한 번 더 자르고 물에 수경 연장제를 추가한다. 봄 분위기를 연출하고 나뭇가지가 꽃을 다운 것처럼 속이려는 것이므로, 공간이 따뜻하고 밝을수록 개화가 더 빨라진다. 직사광선만 피한다. 개화에 시간이 너무 오래 걸린다면 빛깔이 돌고 부풀어 오르기 시작할 때까지 나뭇가지 윗부분에 비닐봉지를 씌우고 습기가 생기도록 하루에 몇 차례씩 물을 뿌려준다.

선호하는 품종

살구, 체리, 복숭아, 자두 Prunus 열매도 열리고 장식용으로도 쓰이는 자두 속의 수많은 품종들이 속성 개화의 훌륭한 후보들이다. 중간 크기의 이 나무들을 심을 만한 큰 땅이 없다면 가지치기를 가장 많이 하는 시기에 근처 과수원에 접촉해보는 것도 추가로 나뭇가지를 얻는 좋은 방법이다. 분홍색이나 흰색 꽃을 피우는 자두는 절화로서 내가 좋아하는 품종이다. 복숭아와 살구 모두 꽃이 분홍색이며 일찍 꽃을 피워 밸런타인데이 부케에 쓰면 멋지다. (체리는 자두 속에 들긴 하지만 꽃이 성숙하기까지 시간이 필요하여 속성 개화에 적합하지 않다. 하지만 나는 봄에 쓰기 좋아하므로 여기 포함시켰다.)

기르는 방법 이 나무들은 충분한 햇빛과 배수가 잘 되는 장소, 약간 산성인 토양을 선호한다. 지난해에 자란 부분에서 꽃이 발달하므로 다음 해의 꽃에 영향을 미치지 않도록 가지치기를 너무 많이 하지 않는다.

꽃을 일찍 피우는 방법 대부분의 자두 품종은 빛깔이 거의 없는 단단한 봉오리 상태일 때나 봉오리가 부풀어 올라 색상이 돌기 시작할 때 수확할 수 있다. 언제 수확하든 곧바로 꽃 수명 연장제를 섞은 물에 담가 밝고 시원한 곳으로 옮긴다. 한겨울에 수확한 줄기는 개화할 때까지 2~3주가 걸리는 반면 늦겨울에 수확한 줄기는 7~10일밖에 걸리지 않는다. 화병에서 2주일 넘게 지속될 것이다.

겨울 베리류와 꽃, 잎

명자나무Chaenomeles 나와 명자나무는 애증의 관계다. 가시가 있는 줄기 때문에 수확할 때 항상 찔리지만, 실내에서 속성으로 개화시킬 경우 가장 일찍 화려한 꽃을 피우는 품종으로 한겨울부터 이른 봄까지 매우 오랜 기간 동안 수확할 수 있다. 나는 곧게 자라는 것은 물론 꽃이 달린 줄기가 부케에 매우 잘 어울리는 산당화Chaenomeles speciosa 품종을 선호한다. '스노우'는 크고 새하얀 꽃을 피우고, '게이샤 걸'은 꽃잎이 연한 살구색이며, 내가 좋아하는 '루브르-'는 어두운 날조차 환하게 만드는 밝은 진홍색 혹은 산호색 꽃을 뽐낸다.
기르는 방법 명자나무는 추위에 강하고 다양한 토양 유형에서 잘 자라며 성숙하기까지 5년이 걸린다. 햇빛이 잘 드는 곳에서 기른다. 가지치기를 해야 한다면 여름에 한다. 그러면 원동력이 생겨 훗날 꽃을 더 많이 피울 것이다.
꽃을 일찍 피우는 방법 봉오리가 부풀어 오르고 색상이 돌 때 수확하여 꽃 수명 연장제를 섞은 물에 담근 다음 서늘하고 밝은 곳에 둔다. 성숙하지 않은 봉오리를 수확해 피운 꽃은 성숙한 후 수확한 꽃보다 색상이 더 옅다. 수확 단계에 따라 2주까지 지속된다.

개나리 꽃을 피우는 관목 중 가장 널리 기르는 품종에 속하는 개나리는 일찍 꽃을 피우기가 매우 쉬우며 다른 꽃을 거의 볼 수 없는 겨울 끝자락에 통학버스를 닮은 선명한 노란색 꽃이 만발한다. 나는 뜰의 북쪽 경계를 따라 짧게 한 줄만 심었지만, 오랫동안 버려진 땅 등에서 추가로 나뭇가지를 채집할 때가 많다.
기르는 방법 기르기가 매우 쉬운 식물로 사실상 방치해도 잘 자라나 수십 년씩 생존한다. 가뭄에 강하고 극단적인 기온에서도 잘 버티며 조경이나 장식에 아름다운 가을 빛깔을 불어넣는다. 오래되고 생산성이 낮은 상태의 식물을 물려받았다면 꽃을 피운 직후 완전히 베어내 새순이 나오게 한다. 자리를 잡은 식물은 정기적으로 가지치기를 해서 크기를 유지하고 줄기의 활발한 성장을 지속시켜야 한다. 새 식물은 가을에서 이른 봄 사이에 정원에 심는다.
꽃을 일찍 피우는 방법 늦겨울 봉오리가 부풀어 오르기 시작할 때 수확한 다음 꽃 수명 연장제를 섞은 물에 꽂아 시원한 공간에 둔다. 7~10일 내에 꽃이 피어날 것이다.

버드나무Salix 한 해의 대부분은 정원에 우뚝 서 있는 큰 버드나무를 알아차리지 못하고 지나친다. 하지만 매년 따뜻한 날씨가 지나고 겨울이 오면 보송보송한 은빛 꽃무리가 늦은 오후의 햇빛을 뒤에서 받아 꽃밭 전체가 반짝이는 요정의 나라로 변신한다. 내 꽃밭에는 옛날 집들에서 자라는 모습을 많이 봤던 북아메리카 원산의 샐릭스 디스컬러와 붉은빛의 길쭉한 꽃무리를 생산하는 갯버들, 검정색 꽃무리가 특이한 흑버들 등 몇 가지 마음에 드는 품종들이 자라고 있다.
기르는 방법 버드나무는 재배하기 쉬운 관목에 속한다. 수분이 충분하면 어디서든 잘 자라고 토양이 좋지 않은 곳에서도 잘 자란다. 손을 쓰지 않고 놓아두어도 금방 작은 나무가 되므로, 몇 년이 지나 자리를 잡으면 새순이 나오길 원하는 높이로 가지를 잘라낸다. 나는 보통 지면에서 1~1.3미터 높이로 자른다. 버드나무는 번식시키기가 매우 쉬운데 적기는 겨울이다. 46~60센티미터 길이의 나뭇가지를 15센티미터만 땅 위에 남기고 묻으면 늦봄까지는 뿌리를 내릴 것이다.
꽃을 일찍 피우는 방법 버드나무는 두 번째 해에 자란 부분에서 가장 화려한 꽃무리를 생산하므로 매년 나뭇가지의 절반 분량을 수확하길 권한다. 그러면 어레인지먼트에 쓸 만한 줄기를 어느 때든 풍족하게 얻을 수 있다. 늦겨울에 꽃무리가 부풀어 오르고 봉오리의 비늘이 떨어질 때가 수확할 시기다. 적절한 단계에 수확하면 어디에서든 줄기가 12~15일 동안 지속될 것이다. 버드나무는 꽃을 말리기도 좋다. 비늘 속에서 꽃잎이 완전히 드러나되 노란색 화분이 보이기 전에 물에서 빼 시원한 공간에 두고 천천히 말린다. 꽃이 부서지기 쉬우므로 조심히 다루어야 한다.

EVERGREEN CUTS

상록수 가지

상록수가 많은 이곳 워싱턴은 긴 겨울 내내 녹음이 무성한 조경을 누리는 축복을 받았다. 넉넉한 강우와 상대적으로 온화한 기온의 조합으로 다양한 상록수가 풍부하게 자랄 수 있는 완벽한 환경이 조성된다. 나는 자리를 잘 잡은 큰 나무와 관목을 넉넉히 수확하는 한편 채집이나 구입을 통해서도 보충한다.

매년 겨울 제철 작품을 준비할 때가 되면 큰 상록수 정원이 있는 친구에게 전화를 걸어 나뭇가지를 내가 직접 만든 리스나 갈런드와 교환해도 될지 허락을 구한다. 아직까지는 이 전략을 써서 거절을 당한 적이 없다. 이른 겨울의 폭풍이 지나가면 나는 가족과 함께 가까운 숲들을 유람하며 길옆에 떨어진 나뭇가지를 줍는다. 다음으로 큰 꽃 도매상에 방문하여 향나무나 향삼나무처럼 근처에서 풍부하게 자라지 않는 몇 가지 품종을 구입한다. 마지막으로 내 정원을 불시에 돌며 두 종류의 삼나무와 월계수, 회양목, 호랑가시나무 등 향기 나는 초록 소재를 잔뜩 수확한다.

여러분이 사는 지역에 따라 잘라 쓸 수 있는 상록수들이 분명 많다. 하지만 전지가위를 들고 숲으로 향하기 전에, 적절한 절차를 통해 땅 소유주의 허가를 받아야 한다.

나뭇가지를 얻을 생각으로 삼나무나 전나무, 소나무, 가문비나무처럼 큰 나무를 심으면 실망할 것이다. 나무를 망가뜨리지 않으면서 충분한 수확을 얻을 만큼 성숙하려면 여러 해가 걸리기 때문이다. 그러니 이런 종류의 초록 소재를 어레인지먼트에 쓸 목적이라면 구입하거나 채집하는 쪽이 가장 이치에 맞는다.

하지만 상록수는 기를 만한 가치가 있다. 보통 3~5년이면 잘라 쓸 수 있는 초록 소재를 충분히 얻을 수 있을 것이다.

선호하는 품종

회양목 잎의 견고함과 아름다움에 있어 타의 추종을 불허한다. 나는 리스와 벽장식, 갈런드, 꽃꽂이의 바탕으로 쓴다. 화병에 꽂으면 2주까지 지속되며 물에 꽂지 않고 장식해도 한 달 넘게 멋진 모습을 유지한다.

기르는 방법 회양목은 햇빛이 잘 드는 곳이나 부분적으로 그늘진 곳을 선호하며 다양한 토양 유형에 적응한다. 천천히 자라나 보통 완전히 성숙하기까지 4~5년이 걸린다. 기후가 온화한 지역에서는 가을에, 그 외의 지역에서는 봄에 심으며 어린 관목 아랫부분 주변에 퇴비나 나뭇조각을 5~10센티미터 두께로 덮어준다.

유칼립투스 향긋한 청회색 잎을 부케와 갈런드, 리스에 추가하면 멋지다. 자른 줄기는 화병에서 3-4주 동안 신선함을 유지하며 그 후에는 완벽하게 마른다.

기르는 방법 엄밀히 말해 나무지만 전 세계의 화훼 농부들이 일년생 식물처럼 기르는데, 이른 봄에 씨앗에서부터 시작하면 늦가을에 이르러 가지가 많은 91제곱센티미터 크기의 관목으로 성장하여 이른 겨울에는 수확을 할 수 있다. 비닐하우스 안이나 난방을 최소로 한 온실의 화분에서 기르면 명절 시즌 내내 잎을 잘 수확할 수 있다.

겨울 베리류와 꽃, 잎

사철나무

유칼립투스

회양목

향나무

사철나무 얼룩이 있는 독특한 잎이 갈런드와 벽장식에 훌륭한 포인트가 된다. 단단해지면 수확하는데 보통 한여름이 지난 뒤부터 가을을 거쳐 겨울까지에 해당한다. 화병에서는 2주 동안, 물 없이는 1주 동안 지속된다.
기르는 방법 기르기 쉽고, 활기가 넘치며, 대부분의 토양에서 잘 자란다. 얼룩이 있는 종류는 얼룩이 없는 초록색 종류보다 천천히 자란다. 온화한 기후라면 가을에, 그 외의 지역에서는 봄에 심은 다음 어린 관목 아랫부분 주변에 퇴비나 나뭇조각을 5~10센티미터 두께로 덮어준다.

향나무 푸른빛이 도는 초록색 잎과 작은 블루베리를 닮은 파란색 열매, 향기 때문에 많이 찾는다. 겨울에는 잎이 구릿빛으로 변하므로 최고의 장식을 위해서는 그 전에 수확한다. 3~4주의 수명을 기대할 수 있다.
기르는 방법 향기로운 이 나무는 자리를 잡기까지 4~5년이 걸리지만 정원에 남는 공간이 있을 경우 심으면 좋다. 기후가 온화한 지역에서는 가을에, 그 외의 지역에서는 봄에 심으며 어린 관목 아랫부분 주변에 퇴비나 나뭇조각을 5~10센티미터 두께로 덮어준다.

수명을 늘리는 요령
절화 소재로서 이 나무들은 모두 매우 강인하다. 화병에 꽂을 경우 수명을 최대한 늘리려면 물을 매주 갈아준다. 실내에서 잎이 계속 싱싱해 보이도록 매일 물을 뿌린다.

HELLEBORES

헬레보루스

지난 몇 년간 플라워 디자이너와 원예가 모두에게 헬레보루스가 대유행이었다. 놀랍지 않은 일이다. 헬레보루스는 한겨울에 꽃을 피우는 몇 안 되는 초본 다년생 식물이다. 보라색과 연두색, 아이보리, 와인색, 진홍색, 복숭아색, 연보라색, 심지어 검은색에 이르기까지 은은하고 다양한 색상의 꽃을 피우며, 주름진 겹꽃 품종은 물론 반점이 있고 두 가지 색상이 섞인 품종, 우아한 붓 자국 무늬의 피코티 품종, 끝이 뾰족한 꽃잎 다섯 장이 별 모양을 이루는 일반 품종 등 믿을 수 없을 만큼 종류가 다양하고 아름답다.

나는 매년 카탈로그를 자세히 보며 자제력을 연습하는 가장 힘든 시기를 겪는다. 헬레보루스는 가격이 비싸고 수확할 수 있을 만큼 충분한 양의 꽃을 생산하기까지는 몇 년을 길러야 하므로, 일찌감치 투자하여 정원에 헬레보루스를 차곡차곡 모으기를 강력히 권한다. 매우 예쁜 꽃을 매년 겨울마다 넉넉히 얻을 수 있을 것이다.

기르는 방법

헬레보루스는 강인하고, 기르기 쉽고, 오래 살며, 관리를 거의 하지 않아도 잘 자란다. 두껍고 거친 잎 덕분에 사슴들에게도 강하다. 대부분의 원예용품점과 묘목장이 이 꽃을 갖춰두는데 특히 이른 봄에 많이 볼 수 있다. 바로 작품에 쓸 수 있도록 큰 화분을 구입하고 싶은 유혹이 들겠지만 11.5센티미터 정도 크기의 작은 화분을 골라야 같은 가격에 2배 가까운 양을 살 수 있다. 하지만 작은 식물이 성숙하기까지는 몇 년이 걸리므로, 급하다면 당연히 큰 화분을 사야 한다.

그늘을 좋아하는 헬레보루스는 햇빛이 가려지는 낙엽수 주변과 큰 낙엽성 관목 아래, 건물의 북쪽 등 다른 식물들은 잘 버티지 못하는 곳에서 잘 자란다. 비옥한 유기질 토양에서 길러야 하며 오래 살게 하려면 썩을 가능성이 있는 물이 고인 곳에는 두지 않는다.

초겨울에 꽃이 피기 직전, 식물 아랫부분 주변에 신선한 퇴비를 한 겹 뿌린다. 이렇게 하면 추가로 영양분을 공급하고 잡초를 억제하는 뿌리 덮개가 되어줄 뿐 아니라 꽃이 피는 데 도움을 주는 어둡고 깨끗한 환경이 조성된다. 늦겨울에 꽃을 피우기 시작하면 꽃 장식을 망치는 일이 없도록 오래되고 흠집이 생긴 잎은 저거한다. 이렇게 하면 봄에 새 잎이 날 가능성도 생긴다. 일단 자리를 잡은 헬레보루스가 늘어나면 매년 봄에 스스로 쉽게 번식하므로 이 식물이 부족해질 일은 없을 것이다.

선호하는 품종

선택 가능한 품종이 많아 원하는 목록을 줄이기 어려울 수 있다. 그 마음 내가 안다! 하지만 식물 수집가가 되고 싶어 못 견딜 정도가 아니라면 가장 쉽고 빠르게 꽃을 피우는 품종을 고수해야 가장 큰 성공이 보장된다.

헬레보루스 아르구티폴리우스 코르시카 품종으로 이른 봄의 부케에 쓰기 좋다. 초록색 컵 모양 꽃이 91센티미터의 기다란 줄기 꼭대기에 피어 모든 어레인지먼트에 극적인 느낌과 높이를 더한다.

헬레보루스 포이티두스 악취가 나는 이 헬레보루스도 내가 좋아하는 품종이다. 약간 구린내를 풍기긴 하지만 줄기가 길고 연한 초록색 꽃의 가장자리를 따라 빨간 줄무늬가 있어 어레인지하면 멋지다.

겨울 베리류와 꽃, 잎

헬레보루스 포이티두스

헬레보루스 아르구티폴리우스

헬레보루스 오리엔탈리스

헬레보루스 오리엔탈리스 렌텐 로즈로도 알려져 있는 꽃으로 가장 널리 기르는 품종이며 줄무늬와 겹꽃, 두 가지 색상이 섞인 품종 등 종류가 매우 다양하다. 가장 강인한 종류이기도 하여 지독한 추위와 더위를 모두 이겨낸다. 스스로 자유롭게 번식하며, 스노드롭과 숲바람꽃처럼 그늘을 좋아하는 다른 늦겨울 꽃과 함께 심으면 좋다.

수명을 늘리는 요령

절화로서 헬레보루스를 오래 유지하기는 쉽지만 어느 정도 자제력을 발휘해야 한다. 적절한 단계에 있는 꽃을 고르지 않으면 몇 시간 안에 시들 것이다. 개화하자마자 모든 꽃을 수확하고 싶겠지만 가운데 씨 꼬투리가 발달할 때까지 기다려야 한다는 뜻이다. 씨 꼬투리가 더 많이 발달할수록 수확한 헬레보루스가 더 단단하며 오래 지속된다. 제대로 성숙한 헬레코르스 꽃은 강인하고 흠집이 거의 없으며 물 없이도 하루 종일 있을 수 있어 부토니에와 코르사주, 화관 등 몸에 착용하는 작품에 적합하다. 화병에서는 5~8일 정도 지속된다.

겨울 베리류와 꽃, 잎

PAPERWHITE NARCISSUSES

페이퍼화이트 수선화

페이퍼화이트로 널리 알려져 있는 이 수선화는 기르기가 매우 쉽고 큰 보상을 얻을 수 있는 구근이다. 온화한 지역에서는 가을에 바깥에 심을 수 있지만 어떤 기후에서든 '속성으로 꽃을 피우게 하는 것'이 일반적인데, 원래의 개화 시기인 이른 봄 이전에 실내에서 꽃을 일찍 피운다는 뜻이다. 생싱한 초록 잎과 달콤한 향기를 내뿜는 꽃송이가 춥고 어두운 겨울 동안 실내를 밝혀줄 것이다.

가격이 비싸지 않고 기르다가 잘못될 염려가 거의 없으며 정원에 다른 생명체가 전혀 없을 때 향기로운 꽃을 한꺼번에 생산하므로 금세 내가 좋아하는 겨울 꽃 중 하나가 되었다. 페이퍼화이트는 독특한 꽃으로 낮은 기온 없이도 꽃을 피울 수 있다(이 책을 통해 알았겠지만, 꽃을 피우기 위해 겨울의 추운 기간이 필요한 구근식물이 많다). 나처럼 참을성이 없는 사람은 반드시 이 꽃을 길러야 한다. 나는 가을에 페이퍼화이트 구근을 큰 포대로 여러 개 주문하여 명절이 되기 전 하루 날을 잡아 손에 닿는 모든 테라코타 화분에 통통한 황금색 구근을 채운다. 이 엄청난 양을 차고 안 서늘하고 서리의 위험이 없는 곳에 둔 다음 겨울을 나는 동안 화분을 몇 개씩 꺼내 놓아 집 안을 꽃이 가득한 상태로 유지한다. 화분에 심은 페이퍼화이트는 훌륭한 선물이 되기도 한다.

기르는 방법

구근은 여름에 주문하는데, 나처럼 긴 겨울 내내 꽃을 원한다면 대량으로 구입한다. 가능한 한 가장 크고 통통한 구근을 구하면 한 구근당 튼튼한 줄기가 2개씩 올라올 것이다. 가을에 심을 때까지 종이에 싸거나 그물망에 넣어 공기가 잘 통하는 실온의 어두운 장소에 보관한다. 나는 한꺼번에 심어 얼지 않는 차고나 지하실, 바깥의 창고처럼 서늘하고 어두운 장소에 화분을 두고, 한 번에 몇 개씩을 따뜻한 집 안으로 들이는 방식으로 겨울 내내 개화 시기를 엇갈리게 하는 쪽을 선호한다. 심은 뒤 꽃이 활짝 피기까지 보통 4~6주밖에 걸리지 않는다.

유리 화병이나 볼에 돌이나 모래를 넣어 페이퍼화이트를 기를 수도 있지만 나는 흙에 기르기를 권한다. 화분에 흙을 절반 정도 채우고 구근을 넣는데, 서로 닿을 만큼 촘촘하게 배치한다. 그런 다음 구근의 목 부분이 약간만 보이도록 흙을 채운다. 충분히 물을 준 뒤 보이게 내놓거나 나중에 즐길 수 있도록 치워둔다. 나는 페이퍼화이트를 한데 모아 장식할 때 가장 아름답다고 생각한다. 식물의 키가 30센티미터쯤 자라면 약간 호리호리해지면서 늘어지는 경향이 있으므로 지탱해줄 방법을 찾아야 한다. 나는 울퉁불퉁하게 생긴 오래된 사과나무 가지와 예쁜 리본을 이용하여 똑바로 서도록 고정한다.

15.6~18도 정도의 상대적으로 서늘한 곳에서 기르면 화분마다 몇 주씩 꽃을 피우면서 꽃 장식이 한 달 가까이 지속될 것이다. 며칠에 한 번씩 물을 주되 구근이 썩을 수 있으므로 물이 고인 채로 두지 않는다.

선호하는 품종

페이퍼화이트는 여러 종류가 있는데 내가 최고로 꼽는 몇 가지 품종을 소개한다.

방울수선 흰색 꽃잎에 가운데 부분이 밝은 노란색으로 꽃을 피우기까지 6~8주 걸린다.

갈릴리 빛나는 흰색 꽃으로 심은 뒤 대략 4~6주 후에 꽃을 피운다.

그랜드 솔레이유 도르 꽃잎이 밝은 노란색으로 꽃을 피우기까지 6~8주 걸린다.

니르 새하얀 꽃으로 가장 일찍 개화하는 품종이다.

지바 눈처럼 하얀 꽃을 자랑한다. 구하기 쉽고 6주 내에 꽃을 피워 내가 가장 자주 심는 품종이다.

수명을 늘리는 요령

페이퍼화이트는 환상적인 절화로, 속성으로 꽃을 피운 나뭇가지와 튤립, 아마릴리스와 함께 연출하면 사랑스럽다. 수명을 최대한 늘리려면 각 꽃송이가 개화하기 시작하자마자 수확해야 한다. 다른 수선화와 마찬가지로 화병에 꽂으면 함께 있는 다른 꽃을 죽이는 유독한 수액이 새어나온다. 이 문제의 가장 좋은 해결책은 방금 수확한 페이퍼화이트를 다른 꽃과 섞기 전에 시원한 물이 든 화병에 한두 시간 꽂아두어 수액이 새어나오는 것을 멈추게 하는 것이다. 다른 꽃과 같이 꽂기 전에 줄기를 다시 자르지 않는다. 그렇지 않으면 수액이 다시 새어나와 모든 과정을 처음부터 되풀이해야 할 것이다.

Winter Projects

겨울 작품

웰컴 리스

나는 삶의 순환과 부활, 너그러움, 봄빛이 다가오는 징후 등 리스를 둘러싼 상징을 좋아하는데, 방금 수확한 상록수 향기만큼 나를 명절 분위기로 이끌어주는 존재는 없다. 명절이 시작되기 몇 주 전에 나는 가족과 함께 겨울 리스 만들기 놀이를 할 재료를 잔뜩 모은다. 그런 다음 저녁에 난로 옆에 앉아 친구와 고객을 위한 리스 수십 개를 만들며 시간을 보낸다. 똑같은 리스는 하나도 없다. 리스 만들기의 기본 기법만 이해하면 가능성은 무한하다. 리스를 만들어본 적이 한 번도 없다면 재미로 한 번 도전해보자. 다만 경고하건대 과정이 꽤 중독성 있어 스스로 알아차리기도 전에 벽이 온통 상록수 리스로 뒤덮일 가능성이 높다. 작업할 재료를 모을 때는 서로 대조되는 다양한 품종의 상록수 잎을 넣는다. 나는 적어도 6~8종류의 품종을 골라 독특한 질감을 지닌 소재와 솔방울, 베리류 등 뜻밖의 재미난 작은 재료들과 함께 쓰는 것을 좋아한다.

필요한 재료

전지가위

와이어 커터

22게이지 굵기의 초록색 플로럴 와이어 혹은 패들 와이어 1타래

35센티미터 크기의 와이어 리스 틀 1개

15~20센티미터 길이의 다양한 상록수 최소 90줄기

선택사항

다양한 크기의 솔방울 3~6개

광나무, 호랑가시나무, 담쟁이덩굴 등 베리류

밀, 개암나무 꽃, 이끼로 뒤덮인 잔가지 등 질감이 독특한 재료

❶ 상록수를 섞어 다발을 12~15개 만든다. 각 다발은 15~20센티미터 길이로 자른 상록수 7줄기의 아랫부분을 와이어로 감아 만든다. 이렇게 하면 리스 토대가 만들어진다. 기본이 되는 상록수를 다발의 뒤쪽에 배치하고 그와 대조되는 독특한 소재를 앞쪽에 모아놓는다.

❷ 상록수 다발을 리스 틀 위에 놓고 플로럴 와이어로 몇 차례 감아 틀에 고정한다.

❸ 몇 센티미터 아래로 이동하여 다음 다발을 와이어로 고정하는데, 상록수들이 계속 같은 방향을 향하게 하여 와이어를 감은 끝부분이 다음 다발의 잎 뒤로 가려지게 한다.

❹ 틀 전체가 초록 소재로 뒤덮일 때까지 이 과정을 계속한다.

❺ 완성된 리스를 돋보이게 해줄 솔방울과 베리류, 말린 곡식 같은 특별한 소재를 추가한다. 좀 더 존재감을 부각시키고 싶다면 특별한 소재들을 한데 모아서 리스에 와이어로 고정한다. 따뜻한 방에 둘 경우 매일 두 차례쯤 물을 뿌려준다.

실내 정원

겨울의 끝이 다가올수록 봄을 향한 나의 기대감은 매일 커진다. 나는 간절한 마음으로 생명의 징후를 찾아 정원을 살피고 실내에 조금이라도 봄의 정원을 가꿀 창의적인 방법이 없을지 물색한다. 일찍 꽃을 피운 나뭇가지와 구근식물의 빛깔에 신선한 흙냄새를 결합하면 내 열망이 채워진다. 나는 매년 겨울 화분에 심은 구근식물과 꽃을 피운 나뭇가지, 싱싱한 꽃으로 실내 한구석에 봄 정원을 재현한다. 오로지 이때 쓸 목적으로 가장자리가 파이처럼 생기거나 아래쪽에 받침이 달린 화려한 용기들을 아껴둔다. 이 간단한 작품을 밝은 창가에 배치하면 마치 봄이 가까이 온 것 같은 기분이 들 것이다. 구근식물들은 (품종에 따라) 어레인지하기 몇 주 전에 미리 심어두어야 한다. 나뭇가지가 꽃을 피우기까지 일주일 넘게 걸릴 수 있고 정확히 같은 시기에 구근식물이 꽃을 피우지 않을 수 있지만, 기다리는 동안 피어난 꽃을 꽂은 작은 화병들이 이 상황을 헤쳐 나가게 해줄 것이다. 주의 깊게 보살피면 한겨울부터 바깥에 첫 번째 꽃이 피기 시작할 때까지 실내 정원을 유지할 수 있다.

나는 종종 시장 한구석에서 튤립 몇 다발을 구입해, 장식한 꽃들이 피어나는 동안 화분 사이사이에 섞어 놓는다. 또한 지하실에 둔 구근식물 화분을 매주 몇 개씩 가지고 나와 절정이 지난 화분과 바꿔치기하는 방식으로 개화 시기를 달리한다. 그런 다음 바깥에 헬레보루스와 스노드롭이 등장하기 시작하면 가게에서 구입하는 대신 정원의 꽃으로 대체한다.

필요한 재료

다양한 크기의 테라코타 화분 3~5개

30~60센티미터 높이의 가급적 투명한 유리 화병 1개

15~20센티미터 높이의 유리 화병 1~2개

어레인지에 쓸 전지가위

아마릴리스와 페이퍼화이트 같은 구근식물

일찍 꽃을 피울 준비가 된 봉오리 상태의 자두나무를 키 큰 화병의 두세 배 길이로 자른 나뭇가지 7~10줄기

튤립이나 헬레보루스 같은 꽃 1~2다발

❶ 앞에서 설명한 방법(269쪽과 291쪽 참조)을 따라 구근식물을 테라코타 화분에 심는다.

❷ 꽃 수명 연장제를 섞은 물을 화병에 채운다. 키 큰 화병을 뒤쪽에 배치하여 자두나무 가지로 채운다.

❸ 키가 작은 화병에 꽃을 꽂고, 구근식물 화분을 앞쪽에 배치한다.

❹ 화분에 심은 구근식물이 왕성하게 자라도록 주기적으로 물을 준다. 꽃을 가급적 오래 볼 수 있도록 오래된 나뭇가지를 새 가지로 교체하여 화병에 항상 개화한 꽃과 막 피어나려는 꽃이 꽂혀 있게 한다.

풍성한 갈런드

싱싱한 갈런드 한 줄을 난간에 부착하거나 벽난로 위에 늘어뜨리거나 식탁 중앙을 가로질러 장식하면 집 공간을 쉽고 빠르게 명절 분위기로 바꿀 수 있다. 소나무 향과 선명한 색상이 짝을 이뤄 기억에 남을 만한 장식이 된다. 가장 기본 단계로 초록 잎을 모아 작은 다발을 만든 다음 밧줄에 고정하여 두툼하고 풍성한 상록수 갈런드를 만든다. 거기에서부터 원하는 방식대로 나만의 갈런드를 완성할 수 있다. 대조되는 색상과 질감을 지닌 다양한 상록수를 활용하자. 나는 소나무와 삼나무, 북미산 전나무를 특히 좋아한다. 갈런드의 바탕이 될 것이므로 넉넉히 수확해야 한다. 또한 말린 곡식, 작은 솔방울, 광나무 같은 겨울 베리류, 말린 과일, 개암나무나 빨간색 층층나무 같은 흥미로운 잔가지 등 독특한 질감과 색상을 지닌 소재들을 모은다.

필요한 재료

원예용 장갑

전지가위

와이어 커터

두꺼운 사이잘 노끈이나 내추럴 색상의 가는 밧줄

22게이지 굵기의 초록색 플로럴 혹은 패들 와이어 1타래

(6~8가지의) 다양한 상록수 125줄기

잔가지, 베리류, 솔방울, 말린 곡식 등 질감이 특이한 재료 36줄기

❶ 상록수와 질감이 특이한 나뭇가지들을 15~20센티미터 길이로 자른다. 쓰기 편하도록 바구니나 통에 재료를 종류별로 잘 정리해서 넣는다.

❷ 원하는 갈런드의 길이를 결정한 다음 사이잘 노끈을 그보다 몇십 센티미터 더 길게 자른다. 작업을 시작하면 노끈 양 끝에 30~46센티미터 정도를 남겨둔다. 그래야 완성한 뒤에 걸 수 있다. 가능하면 허리 높이쯤 오는 평평한 표면에 노끈을 올려놓는다.

❸ 상록수 5~7줄기를 모아 끝을 나란히 맞춘다. 다발을 노끈과 같은 방향으로 올려놓은 뒤 와이어로 한꺼번에 둘을 최소 4~5차례 단단히 감는다.

❹ 계속해서 초록 소재의 다발을 30센티미터당 세 묶음 정도로 고르게 배치하여 와이어로 고정한다. 노끈과 와이어가 보이지 않도록 끝부분을 포개가며 진행하는데, 다발 사이사이에서 와이어를 자를 필요는 없다. 원하는 길이에 다다랐으면 와이어를 마지막 묶음에 꼬거나 묶는 방식으로 단단히 고정하여 갈런드를 움직였을 때 열심히 작업한 줄기들이 분리되지 않게 한다.

❺ 갈런드 중간 중간에 질감이 특이한 재료 다발을 끼워 넣는다. 나는 30센티미터 길이마다 두 묶음씩 고르게 배치했지만, 마음에 드는 방식으로 자유롭게 여러분만의 작품을 만들면 된다.

❻ 솔방울이나 큰 베리류처럼 더 큰 재료를 추가하고 싶다면 완성된 갈런드에 와이어를 이용해 개별적으로 고정한다. 매일 갈런드에 물을 뿌려 수명을 늘려준다. 새로 만든 갈런드는 2주 정도 지속되다가 뾰족한 잎들이 떨어지기 시작하며, 따뜻한 공간에서는 더 빨리 떨어진다. 갈런드를 명절 시즌 내내 장식하고 싶다면 2주마다 새 갈런드를 만든다.

재료 구입처

아래의 물품들을 구할 수 있는 곳은 많지만, 내가 좋아하는 구입처들을 여기에 소개한다.

A.M. LEONARD
www.amleo.com
아틀라스 370 니트릴 장갑과 호리호리 칼 등 도구와 장비

B&D LILIES
www.bdlilies.com
품질이 뛰어난 백합 구근을 시장에 내놓는 통신 판매 묘목장

BRENT AND BECKY'S BULBS
http://brentandbeckysbulbs.com
봄과 여름, 겨울에 꽃을 피우는 다양한 구근 식물

CAMPO DE' FIORI
http://campodefiori.com
특별한 테라코타 화분을 구할 수 있는 훌륭한 매장

DAN'S DAHLIAS
www.shop.dansdahlias.com
품질이 뛰어난 달리아 덩이줄기를 300종 넘게 판매한다.

DAVID AUSTIN ROSES LIMITED
www.davidaustinroses.com
잉글리시 가든 로즈를 뿌리 상태로 구할 수 있는 훌륭한 매장

DRIPWORKS
www.dripworks.com
물을 한 방울씩 공급하는 호스와 지면용 ㄷ자 철사침 등 관개 장비

FARMHOUSE POTTERY
www.farmhousepottery.com
손으로 만든 독특한 도자기 화분을 구할 수 있는 훌륭한 매장

FLORET FARM
www.floretflowers.com
우리 온라인 숍은 이 책에 소개한 다수의 씨앗과 구근, 달리아는 물론 직접 농사짓는 플로리스트를 위한 도구 벨트, 꽃가위, 전지가위를 갖추고 있다.

FORESTFARM
www.forestfarm.com
구하기 힘든 수백 종류의 다년생 화초와 관목, 나무, 덩굴을 화분에 심긴 상태로 판매하는 통신 판매 구입처

GARDEN VALLEY RANCH
www.gardenvalley.com
다양한 장미를 뿌리 상태로 판매하는 통신 판매 묘목장

GARDENER'S EDGE
www.gardenersedge.com
루트 트레이너

GROWING SOLUTIONS
www.growingsolutions.com
액체 비료 도구와 장비

JAMALI GARDEN
www.jamaligarden.com
독특한 화병은 물론 꽃 수명 연장제와 와이어, 플로럴 퍼티(슈어 스틱 Sure-Stik), 플로럴 테이프, 오아시스 Oasis 방수 플로럴 테이프, 장미 가시 제거 도구, 수관 등 플라워 장식 관련 장비를 구할 수 있는 훌륭한 매장

JOHNNY'S SELECTED SEEDS
www.johnnyseeds.com
발아 장비와 방초망, 꽃 그물, 시즌 연장을 위한 장비, 비닐하우스 제작 키트, 전문 도구, 천연 비료, 방충제를 구할 수 있는 훌륭한 통신 판매 구입처

KING'S MUMS
www.kingsmums.com
수백 종의 전통 국화를 판매하는 통신 판매 묘목장

LOWE'S
www.lowes.com
방초망에 식물을 심을 구멍을 낼 때 쓰는 벤조매틱 BernzOmatic 프로판 토치

RENEE'S GARDEN SEEDS
www.reneesgarden.com
다양한 절화 씨앗을 판매한다.

SAVE ON CRAFTS
www.save-on-crafts.com
플로럴 와이어와 줄기 고정 도구, 패들 와이어, 와이어 리스 틀

SWAN ISLAND DAHLIAS
www.dahlias.com
품질이 뛰어난 수백 종류의 달리아 덩이줄기를 판매하는 통신 판매 묘목장

THOMPSON & MORGAN
www.thompson-morgan.com
훌륭한 절화 씨앗을 판매한다.

UMASS SOIL AND PLANT TISSUE TESTING LAB
soiltest.umass.edu
통신 주문 토양 테스트 연구소

감사의 글

에린 벤자킨

이 책을 만드는 일은 우리 가족의 삶에서 일 년 중 큰 부분을 희생한 거대한 프로젝트였다. 다음 사람들의 도움과 지원이 없었다면 결코 실현할 수 없었을 것이다. 먼저 멋진 남편 크리스에게 감사를 표하고 싶다. 책을 쓰는 나의 능력에 대한 흔들리지 않는 믿음과 애정 어린 지원 덕분에 수많은 밤과 새벽, 주말에 계속해서 글쓰기와 사진 촬영을 할 수 있었다. 엘로라와 재스퍼는 엄마가 꿈을 쫓느라 일 년 동안 거의 매 주말을 함께 보내지 못하고 컴퓨터 앞에서 보내야 했음에도 지원을 아끼지 않았다. 어머니 체리는 내가 프로젝트에 집중하는 동안 아이들을 돌봐주었고, 모든 일에 대한 압박감이 견디기 힘들 만큼 커질 때 침착함을 잃지 않도록 도와주었다. 사랑하는 친구 질은 프로젝트 초기에 나와 함께해주었고 추상적인 꿈이 실제로 책이 되도록 이끌어주었다. 그 과정 내내 그녀의 지혜와 꾸준한 격려가 없었다면 나는 결코 이 일을 해내지 못했을 것이다. 플로렛 직원들은 제자리를 지키며 내가 없는 동안 농장 일이 순조롭게 진행되도록 해주었다. 멋진 친구 니나는 버몬트에서 여기까지 촬영을 도우러 와주었고, 모든 세세한 사항을 찍는 부담스러운 작업을 재미있는 모험으로 바꿔주었다. 미셸 웨이트의 사진은 상상한 것보다 더 아름다웠고 바쁜 일정 중에도 기꺼이 프로젝트를 위해 시간을 내준 것은 정말 축복이었다. 누구나 도움을 청할 수 있는 최고의 에디터이자 안내자 줄리 차이는 함께 일하는 내내 삶, 진실 말하기, 글쓰기에 대해 정말 많이 가르쳐주었다. 내 에이전트 레슬리 요나스의 현명한 조언과 프로젝트에 대한 열정, 나에 대한 믿음은 매우 소중했다. 전문적인 통찰을 보여주고 이 책이 세상에 나오도록 도와준 로라 리 매팅리와 앤 케네디, 레이첼 하일즈, 디앤 카츠, 그리고 크로니클북스 팀도 고맙다. 존 크리스텐슨과 토니 크리스텐슨은 사진을 위한 예쁜 배경이 필요할 때 관대하게도 자신들의 학교 건물과 묘목장을 쓸 수 있게 해주었고, 친절한 팜하우스 포터리 직원들은 장식에 쓸 매우 아름다운 화기들을 보내주었다. 노스필드 농장의 제랄딘은 작약이 한창일 때 그녀의 꽃밭을 자유롭게 쓸 수 있게 해주었고, 고든 스캐짓 농장은 사과 꽃과 호박이 한창일 때 마법 같은 농장 사진을 찍을 수 있게 허락해주었다. 마지막으로 소셜 미디어에서 우리를 팔로우하고, 블로그의 글을 읽고, 우리 농장의 꽃을 구입하고, 워크숍에 참가하고, 이 책에 어떤 내용을 포함시켜야 할지 분명하게 알 수 있도록 넉넉히 도와주신 플로렛의 모든 지지자들에게 큰 고마움을 전한다. 이 책은 여러분을 위한 것이다!

줄리 차이

나의 할머니 프랜시스 가레스는 내가 첫 번째로 알았던 원예가로, 할머니의 땅은 멋진 장미 화단과 풍부한 구근식물, 꽃을 피운 나무, 그리고 여름이면 한 줄로 길게 심은 달콤한 토마토로 가득했다. 할머니는 자연이 선물한 꽃으로 주변을 가꿨는데, 그 중요성을 알게 해주었다는 점에서 영원히 감사드린다. 꽃은 우리 모두에게 행복과 영감을 주며 우리를 변화시킨다. 뒤뜰에서 방금 수확한 꽃을 선물로 받아본 사람이라면 아주 소박한 꽃다발이라도 바라볼 때마다 기분이 좋아진다는 사실을 알 것이다. 따라서 에린 벤자킨과 함께 미래의 재배자들을 위해 풍성한 정원을 직접 가꾸고 세상을 멋진 꽃으로 채울 수 있는 지식을 전달하는 책을 작업하게 된 것은 특권이자 기쁨이었다. 나를 매우 개인적인 프로젝트에 참여시켜주고 자신의 작업을 내게 맡겨준 에린에게 감사한 마음이다. 그녀의 직업윤리와 관대함, 그리고 모든 독자에게 힘을 실어줄 책을 만들고자 모든 작업에 바친 그녀의 헌신에서 나는 줄곧 영감을 얻었다. 나는 에린의 플라워 디자인뿐 아니라 다른 이들이 매순간 더 큰 아름다움을 포착할 수 있도록 도우려 하는 그녀의 진심이 정말 좋다. 에린의 에이전트이자 내 사랑하는 친구인 레슬리 요나스에게 우리를 연결시켜준 것에 큰 고마움을 전한다. 그녀의 창의성과 열정, 너그러움은 최고다. 크로니클북스의 로라 리 매팅리와 앤 케네디, 레이첼 하일즈, 디앤 카츠의 사려 깊은 지도와 이 책을 멋지게 만들기 위해 쏟아부은 모든 시간과 관심에 감사한다. 모든 면에서 이 프로젝트를 지원해준 우리 부모님 필리스 차이와 하이동 차이, 그리고 남편 조지 리에게도 고맙다. 남편은 마감 기한을 맞추기 위해 대쓰느라 잠이 부족한 초보 엄마를 응원해주고, 변함없이 긍정적인 마음가짐과 유머감각으로 모든 일이 제대로 돌아가게 해주었다. 호기심과 열정, 순수한 기쁨으로 나를 매일 즐겁게 해주는 내 아들 엘리스도 고맙다. 엘리스는 내가 가장 좋아하는 새싹이다.

색인

가을
  꽃과 식용 소재, 줄기 201–48
  작품 250–57
  첫 서리가 내리는 날짜 31
  할 작업 197–99
가지 173, 175
가지치기 266
갈런드, 풍성한 300–301
개나리 280, 281
갯능쟁이 78, 80
겨울
  속성으로 꽃 피우는 나뭇가지 279–281
  꽃과 베리류, 잎 269–94
  작품 296–301
  할 작업 265–67
격자 구조물 세우기 37, 125
고추 173, 175
곡식 218–19
과꽃 226, 228
관목 23, 72–75, 145–47, 199, 266, 각각의 관목 항목도 참조
광나무 274, 277
  웰컴 리스 296–97
구근식물 23, 68–71, 127, 198, 각각의 식물 항목도 참조
국화 197–98, 210–13
  네덜란드 정물화 252–54
그물 치기 36, 125
금어초 162–65
기록하기 197
꼬투리 218–19
꽃 수명 연장제 39
꽈리 226, 228
  가을 리스 250–51

ㄴ

나무 23, 72–75, 145–47, 266, 각각의 나무 항목도 참조
너도밤나무 145, 147
  네덜란드 정물화 252–54
노박덩굴 215, 217
  가을 리스 250–51
니겔라 78, 80

ㄷ

다년생 화초 23, 152–55, 197–98, 199, 226–30, 각각의 식물 항목도 참조
달리아 53, 135–38, 197
  달리아 모음 182–83
  여름 석양 꽃꽂이 184–85

담쟁이덩굴 274, 276
  웰컴 리스 196–97
대상화 229, 230
덩굴 23, 245–48, 각각의 덩굴 항목도 참조
덩이줄기 식물 23, 각각의 식물 항목도 참조
델피니움 152, 154
  핸드타이드 마켓 부케 186–88
도구
  돌보기 266
  원예 도구 41, 43–44
  플로리스트의 도구 상자 44
동백나무 272, 276
들장미 열매 216, 217
  가을 리스 250–51
  네덜란드 정물화 252–54

ㄹ

라넌큘러스 99
  봄 화관 114–15
  어머니를 위한 셔벗 색상의 나비 꽃꽂이 116–17
라일락 86–91
  라일락 꽃꽂이 112–13
라즈베리 잎 146
  여름 석양 꽃꽂이 184–85
레이스 플라워 76, 79
루나리아 59–60
루드베키아 201–4
  빈센트 반 고흐 256–57
리스
  가을 리스 250–51
  웰컴 리스 296–97

ㅁ

마취목 272, 276
매리골드 168, 170
매발톱꽃 59, 61
맨드라미 167, 169
  여름 석양 꽃꽂이 184–85
명자나무 280, 281
모종
  돌보기 35
  심기 35, 54, 125
  찬 기운 쐬기 35
무스카리 70, 71
물 주기 28, 29, 125
미국낙상홍 275, 276
민트 140–142, 143

ㅂ

바질 140, 143
  핸드타이드 마켓 부케 186–88
  여름 석양 꽃꽂이 184–85
박 233–37
방초망 28–29
백일홍 177–80
  핸드타이드 마켓 부케 186–88
  여름 석양 꽃꽂이 184–85
백합 149–51
버드나무 280, 281
벚꽃나무 72, 74
베리류 272–77
  풍성한 갈런드 300–301
  웰컴 리스 296–97
병충해 관리하기 127
복숭아나무 가지 279, 280
봄
  꽃 58–110
  마지막 서리가 내리는 날짜 31
  작품 112–17
  할 작업 53–54, 56
봄 화관 114–15
불두화 74, 75
  라일락 꽃꽂이 112–13
비닐하우스 267
비료 주기 27–28
비 밤 140, 143
빈센트 반 고흐 (꽃꽂이) 256–57
뿌리 덮기 29, 56
뿌리 상태의 식물 심기 266

ㅅ

사철나무 284, 285
산국수나무 145, 147
  달리아 모음 182–83
산당근 167, 169
  핸드타이드 마켓 부케 186–88
산사나무 74, 75
  어머니를 위한 셔벗 색상의 나비 꽃꽂이 116–17
살구나무 가지 279, 280
상록수 282–85
  풍성한 갈런드 300–301
  웰컴 리스 296–97
서리가 내리는 날짜 31
서어나무 145, 147
세덤 229, 230
수선화 62–66
수염패랭이꽃 60
순치기 37, 126
스노우베리 216, 217

스위트로켓 60, 61
스위트피 01–5, 198
스쿼시 233–37
시든 꽃 잘라내기 126
식물, 각각의 식물 항목도 참조
  고르기 22, 25
  명명법 22
  물 주기 28, 29, 125
  순치기 37, 126
  유형 23
  꽃 지탱하기 36–37, 56, 125
  실내 정원 298–99
  심기
    기법 29
    연속으로 심기 24
  씨앗
    싹 틔우기 31–35, 53, 267
    주문하기 22, 127, 265

ㅇ

아네모네 68, 70
아마 218, 219
아마란스 218, 219
  빈센트 반 고흐 256–57
아마릴리스 199, 269–71
  실내 정원 298–99
아이슬란드 양귀비 83–84
  어머니를 위한 셔벗 색상의 나비 꽃꽂이 116–17
알줄기 식물 23, 각각의 식물 항목도 참조
야로우 154, 155
야생능금나무 가지 72, 75, 145, 147
  달리아 모음 182–83
양배추 206–9
여름
  꽃과 식용 소재, 잎 129–80
  작품 182–88
  할 작업 125–27
연속으로 심기 24
열매 145–47, 215–17, 각각의 열매 항목도 참조
온실 267
용기
  작은 공간 최대로 활용하기 25
  싹을 틔우기 위한 용기 31–32, 34–35
울타리 치기 36, 125
원예 도구 41, 43–44
유기농으로 하기 27
유칼립투스 282, 284
은방울수선 70, 71
이년생 화초 23, 59, 60–61, 125, 각각의 식물 항목도 참조
이페리쿰 215, 217
일년생 화초, 각각의 식물 항목도 참고

내한성 23, 76–80, 127, 198
비내한성 23, 167–70
잎 140–43, 145–47, 각각의 식물 항목도 참조

ㅈ

자두나무 가지 279, 280
 실내 정원 298–99
 어머니를 위한 셔벗 색상의 나비 꽃꽂이 116–17
작약 93–96
작은 공간 최대로 활용하기 25
잡초 관리하기 28–29, 54, 126
장미 157–61
절화 돌보기 38–39
절화 정원
 계획하기 265
 목표 17, 21
 설계하기 21
 식물끼리 간격 두기 21–22, 25
 땅 파악하기 19
 작은 절화 정원 25
정리하기 197, 265
제라늄, 센티드 142, 143, 197–98
 핸드타이드 마켓 부케 186–88
제비고깔 79, 80
 봄 화관 114–15
조 223, 225
 빈센트 반 고흐 256–57
조개꽃 76, 78
지지대 세우기 37, 56, 125
꽃 지탱하기 36–37, 56, 125
직접 씨앗 뿌리기 33
질병 127

ㅊ

찬 기운 쐬기 35
채소 173–75, 각각의 채소 항목도 참조
천일홍 168, 170
 핸드타이드 마켓 부케 186–88
 여름 석양 꽃꽂이 184–85
체리나무 가지 72, 74, 279, 280
초롱꽃 59, 61
 봄 화관 114–15

ㅋ

케일 206–9
코베아 245, 246
코스모스 129–31
 핸드타이드 마켓 부케 186–88
크레스 218, 219
클레마티스 245, 246

ㅌ

터널 267
털설구화 72, 75, 274–275, 277
네덜란드 정물화 252–54
 봄 화관 114–15
 어머니를 위한 셔벗 색상의 나비 꽃꽂이 116–17
토마토 174, 175
 여름 석양 꽃꽂이 184–85
토양
 수정하기 27–28, 199
 싹을 틔우기 위한 토양 32
 준비하기 53
 테스트하기 20, 199
퇴비 27
튤립 106–10
 라일락 꽃꽂이 112–13
 실내 정원 298–99

ㅍ

페이퍼화이트 수선화 199, 291–94
 실내 정원 298–99
포도 215, 217
 가을 리스 250–51
 네덜란드 정물화 252–54
폭스글로브 59, 61
풀, 장식용 223–25
풍선초 덩굴 247, 248
프리틸라리아 68, 70
 라일락 꽃꽂이 112–13
플로리스트의 도구 상자 44
플록스 152, 154

ㅎ

학명 22
한련 247, 248
해바라기 238–42
 빈센트 반 고흐 256–57
향나무 284, 285
허니워트 79, 80
헬레보루스 287–89
 라일락 꽃꽂이 112–13
 실내 정원 298–99
 어머니를 위한 셔벗 색상의 나비 꽃꽂이 116–17
호랑가시나무 272
웰컴 리스 296–97
호박 233–37
홉 245, 247
회양목 282, 284
히아신스 71